受浙江大学文科高水平学术著作出版基金资助

"十三五"国家重点出版物出版规划

知识产权

理念、制度与国家战略

INTELLECTUAL PROPERTY

IDEA, INSTITUTION AND NATIONAL STRATEGY

韩秀成　曾燕妮　王　淇　陈泽欣◎著

总　序

“十四五”:以高水平开放形成改革发展新布局

迟福林

当今世界正处于百年未有之大变局。经过 40 多年的改革开放,中国与世界的关系发生历史性变化。作为新型开放大国,中国如何看世界、如何与世界融合发展?处于调整变化的世界,如何看中国、如何共建开放型经济体系?这是国内外普遍关注的重大问题。作为经济转型大国,我国既迎来重要的战略机遇,也面临着前所未有的挑战。“十四五”时期,我国经济正处于转型变革的关键时期,经济转型升级仍有较大空间,并蕴藏着巨大的增长潜力,我国仍处于重要战略机遇期。

在这个大背景下,推进高水平开放成为牵动和影响“十四五”改革发展的关键因素。面对百年未有之大变局,中国以高水平开放推动形成改革发展新布局,不仅对自身中长期发展有着重大影响,而且将给世界经济增长和经济全球化进程带来重大利好。未来 5～10 年,中国以更高水平的开放倒逼国内全面深化改革将成为突出亮点。

以制度型开放形成深化市场化改革的新动力。在内外环境明显变化的背景下,开放成为牵动和影响全局的关键因素,开放与改革直接融合、开放引导改革、开放是最大改革的时代特征十分突出。

“十四五”时期，适应经济全球化大趋势和我国全方位开放新要求，需要把握住推进高水平开放的重要机遇，以制度型开放加快市场化改革，并在国内国际基本经贸规则的对接融合中优化制度性、结构性安排。由此产生全面深化改革的新动力，推进深层次的体制机制变革，建立高标准的市场经济体制，进一步提升我国经济的国际竞争力。

以高水平开放促进经济转型升级。“过去40年中国经济发展是在开放条件下取得的，未来中国经济实现高质量发展也必须在更加开放条件下进行。”从经济转型升级蕴藏着的内需潜力看，未来5年，我国保持6%左右的经济增长率仍有条件、有可能。有效释放巨大的内需潜力，关键是推动扩大开放与经济转型升级直接融合，并且在这个融合中不断激发市场活力和增长潜力。由此，不仅将为我国高质量发展奠定重要基础，而且将对全球经济增长产生重要影响。

以高水平开放为主线布局“十四五”。无论内外部的发展环境如何变化，“十四五”时期，只要我们把握主动、扩大开放，坚持“开放的大门越开越大”，坚持在开放中完善自身体制机制，就能在适应经济全球化新形势中有效应对各类风险挑战，就能化“危”为“机”，实现由大国向强国的转变。这就需要适应全球经贸规则由“边境上开放”向“边境后开放”大趋势，优化制度性、结构性安排，促进高水平开放，对标国际规则，建立并完善以公开市场、公平竞争为主要标志的开放型经济体系。由此，不仅将推动我国逐步由全球经贸规则制定的参与国向主导国转变，而且将在维护经济全球化大局、反对单边主义与贸易保护主义中赢得更大主动。

2015年，中国（海南）改革发展研究院与浙江大学出版社联合策划出版“大国大转型——中国经济转型与创新发展丛书”，在社会各界中产生了积极反响，也通过国际出版合作“走出去”进一步提升国际影响力。今年，在新的形势和背景下，在丛书第一辑的基础上，又集结各位专家的研究力量，围绕“十四五”以及更长时期内我国经济转型面临的重大问题继续深入研究分析，提出政策思路和解决之道。

在原有基础上，丛书第二辑吸纳了各个领域一批知名专家学者，使得丛书的选题视角进一步丰富提升。作为丛书编委会主任，对丛书出版付出艰辛努力的学术顾问、编委会成员、各位作者，对浙江大学出版社的编辑团队表示衷心的感谢！

本套丛书涵盖多个领域，仅代表作者本人的学术研究观点。丛书不追求学术观点的一致性，欢迎读者朋友批评指正！

2019 年 11 月

前　言

改革开放伊始，我国就决心引入和建立知识产权制度，不断提高知识产权保护水平。经过多年的不懈努力，知识产权带动了科技创新的发展、营商环境的改善和人民生活水平的提高，取得了实实在在的成绩。同时，从国情出发，我国在兼收并蓄"引进消化吸收再创新"之后，坚持"中国特色"与"世界水平"，一方面，根据自身的发展阶段，走出自己的发展道路；另一方面，积极开展国际合作，与国际社会一同努力，解决共同关心的各类新老问题，形成了本土化、现代化与国际化的知识产权制度体系。

建设知识产权强国，是我国知识产权战略纲要实施的升级版，是我国知识产权事业发展的必然选择，也是我国转变经济发展方式，实施创新驱动发展战略，实现中华民族伟大复兴中国梦的必然要求。知识产权强国建设需要长远谋划，也需要理论与实践密切结合。

2012 年，国家知识产权局知识产权发展研究中心即启动了对知识产权强国建设问题的探索和研究，先期重点围绕知识产权强国建设的必要性、知识产权强国建设的表征和指标体系、知识产权强国建设的顶层设计等问题开展基础研究。

2015 年，随着《国务院关于新形势下加快知识产权强国建设的若干意见》印发实施，研究中心关于知识产权强国建设的研究也从基础研究阶段全面过渡到战略研究阶段。

一是从理念上破题。面对新技术革命与国际格局调整等百年未有之大变局，围绕知识产权强国建设面临的形势与问题、知识产权保护高地高标准建设等问题，明确新时代知识产权工作在继承和发扬创造、运用、保护和管理的基本思路基础上，要敢于创新知识产权概念与观念，勇于扩容与升级知识产权的类型与外延，将知识产权强国建设的前沿推进至创新的“无人区”。

二是从制度上落实。面对知识产权强国建设提出的重大问题、市场主体与创新主体提出的重大需求、国际交流合作提出的重大诉求，明确新时代的知识产权制度要在进一步完善法律法规体系的基础上，构建知识产权公共政策体系，设计重大工程和项目，并将对新业态知识产权保护推进至创新的示范区。

三是从战略上前瞻。面对未来知识产权强国建设的持续发展，明确面向2050年的知识产权战略要与国家重大战略协同发展、相得益彰，要在进一步补齐短板、发挥优势的基础上，引领发展的奔腾跨越，展现文化的强大魅力，提振民族的复兴信心。

本书是我们对过去几年知识产权强国相关研究的回顾汇总，也是对将来知识产权理念、制度和战略全新研究的坚实基础。特别感谢国家知识产权局以及社会各界对我们的大力支持与悉心指导，也特别感谢浙江大学出版社将本书纳入“大国大转型——中国经济转型与创新发展丛书”之中，让我们持续不断的研究成果，能够在2020年这个特殊的时间节点，与广大读者们见面。

“人生到处知何似，应似飞鸿踏雪泥。泥上偶然留指爪，鸿飞那复计东西。”我们希望通过本书的出版，可以使大家广泛关注和积极讨论知识产权相关问题，凝心聚智，群策群力，共同营造尊重创新、创造价值、保护知识产权的良好社会氛围。

目　录

第一篇　知识产权理念

建设知识产权强国，是我国知识产权战略纲要实施的升级版，是我国知识产权事业发展的必然选择，也是我国转变经济发展方式、实施创新驱动发展战略、实现中华民族伟大复兴中国梦的必然要求。建设知识产权强国，落实战略任务，首先应当分析面临的形势与问题，坚持顺势而为、以问题为导向，以此为依据谋划实施举措，重在知识产权的数量、质量和效益的综合提升，重在强化保护和有效运用，重在提高知识产权保护能力、优化知识产权环境、提升知识产权国际影响力、增强知识产权软实力。

一、知识产权强国建设面临的形势与问题

当前，知识产权强国建设面临的国内外形势复杂，世界政治经济格局变革推动知识产权国际格局变化，欧美等发达国家和地区希望通过主导国际知识产权制度来维护其政治经济利益，并且，新兴市场国家群体性崛起，积极参与国际竞争和国际知识产权规则制定；新一轮科技革命和信息化革命，加剧知识产权制度重大变革；发达国家纷纷制定知识产权强国战略，抢占经济发展先机；创新驱动发展呼唤发挥知识产权引领作用；“互联网＋”“大众创业、万众创新”要求发挥知识产权促进经济发展方式转变的作用；企业“走出去”战略对知识产权国际合作提出更高要求。国内外形势对知识产权强国建设提出新需求：国际层面，推动知识产权本土化与国际化结合；国内层面，促进知识产权与经济发展深度融合；产业层面，提升产业核心竞争力；企业层面，培育一批知识产权优势企业。

同时,知识产权强国建设也面临着重大问题:知识产权促进经济发展作用不明显;知识产权保护水平跟不上市场需求;知识产权公共服务和社会服务基础薄弱;创新主体知识产权能力不足,知识产权国际合作话语权不足。

建设知识产权强国,是我国知识产权战略纲要实施的升级版,是我国知识产权事业发展的必然选择,也是我国转变经济发展方式,实施创新驱动发展战略,实现中华民族伟大复兴中国梦的必然要求。建设知识产权强国,落实战略任务,首先应当分析面临的形势与问题,坚持顺势而为、以问题为导向,以此为依据谋划实施举措,重在知识产权的数量、质量和效益的综合提升,重在强化保护和有效运用,重在提高知识产权保护能力、优化知识产权环境、提升知识产权国际影响力、增强知识产权软实力。

(一)知识产权强国建设面临的形势

1. 建设知识产权强国的国际形势

(1)世界政治经济格局变革推动知识产权国际格局变化

一是欧美等发达国家和地区整体经济实力下降,希望通过主导国际知识产权制度来维护其政治经济利益。

以欧美为代表的发达国家和地区整体实力相对下降。根据世界银行预测,到 2050 年,美国、日本、德国、法国、英国、意大利和加拿大占二十国集团 GDP 的比重将由 2009 年的 72.3%下降到 40.5%。美国仍然保持较强优势,其经济实力、军事实力、科技实力等仍具有强大优势。

国际格局的大分化大调整,世界多极化趋势更加明显,国际竞争日益复杂,国际力量对比朝着相对均衡的方向发展,围绕制度、意识形态等方面的竞争日益激烈。

欧美国家为了维护全球政治经济地位,各自提出制造业回归政策,德国工业 4.0 等振兴产业经济计划,同时美国等发达国家意识到知识产权几乎是任何一个产业创新和创造力的强大支撑，以及用专利及商标等数据验证知识产权密集产业对经济的重要性。[①] 发达国家希望通过主导国际知识产权规则来维护其政治经济利益。以《与贸易有关的知识产权协议》(*Agreement on Trade-Related Aspects of Intellectual Property Rights*，简称 TRIPs 协议)为核心的知识产权国际保护体系面临巨大挑战。以 TRIPs 为代表的多边协议和以《跨太平洋伙伴关系协定》(*Trans-Pacific Partnership Agreement*，简称 TPP)为代表的诸边协议相结合已成为国际知识产权保护的新特征和新趋势，区域性知识产权保护协议将实用主义进一步升级，强化执法程序，提高保护水准。同时，知识产权政治化倾向日益明显，知识产权问题逐步渗透到海关、邮政、生物多样性、气候变化、粮食安全、人权保护等各领域的谈判过程中，知识产权已经成为国家总体外交工作的重要议题。

二是新兴市场国家群体性崛起，积极参与国际竞争和国际知识产权规则制定。

首先，以中国、印度为代表的新兴市场国家群体性崛起。世界银行预测，到 2050 年，中国、印度、巴西、俄罗斯、墨西哥和印度尼西亚 6 个新兴经济体占二十国集团 GDP 的比重将由 2009 年的 19.6%上升到 50.6%。其次，新兴市场国家和发展中国家在国际事务中的话语权得到提升。二十国集团已取代西方七国集团成为世界经济治理的主要平台。在世界贸易组织和联合国一些专门机构中，西方长期处于垄断地位的局面正被逐步削弱。例如，新兴大国和发展中国家在世界银行的投票权增加了 3.13 个百分点；在国际货币基金组织(IMF)治理结构改革方案中的份额提高了 2.8 个百分点，改革后，中国、俄罗斯、印度、巴西均成为 IMF 的前十大股东。再者，区域、次区域的力量中心兴起。区域合作机制在加强经济一体化进程的同时，在地区政治安全、区域与

① Ryo Horii, Tatsuro Iwaisako. Economic growth with imperfect protection of intellectual property rights. Journal of Economics. 2007,90(1):45-85.

全球治理等问题上积极争取更大发言权,成为强有力的区域合作力量。

随着世界经济格局“南升北降”“东升西降”,中国也提出了关于全球贸易、投资、金融等领域的改革诉求,积极贡献完善全球经济治理的中国智慧和中国方案,与多国签订自由贸易协定,积极推动区域经济贸易发展,共同影响全球经贸体系重构进程。

(2)新一轮科技革命和信息化革命,加快知识产权制度重大变革

一是新一轮科技和产业革命为知识产权提供了历史性机遇。

当今世界正处于新一轮科技与产业革命的倒计时阶段。这场正在来临的新能源、信息技术、生物技术相互融合的科技与产业革命,将会带来一系列重大的科技创新与突破。它在提高社会生产力的同时,也改变着社会生产方式以及人的生活方式。历史经验证明,凡是能及时抓住科技和产业革命机会的国家均会崛起为世界大国,为了抢占科技和产业革命的先机,提升国际竞争优势和国际话语权,许多国家在积极进行科技创新的同时,也高度重视知识产权保护,将知识产权作为参与国际竞争的重要手段,知识产权尤其是以技术创新成果为内核的专利,日益成为一个国家国际竞争成功的关键因素。

目前,发达国家大多已根据自己的战略需要制定了较为完善的知识产权法律体系,进一步扩大了知识产权保护范围,加大了保护力度。在新一轮科技和产业革命来临之际,知识产权成为关系国家核心竞争能力培育和国民经济长远发展的关键。世界各国尤其是发达国家无不加强知识产权制度建设,确保国家综合实力的增强。在当前的科技与产业革命浪潮中,美国仍占据突出优势地位。当前,石化能源难以为继,环境污染严重,世界各国都追求率先在能源获取领域取得技术突破,美国在新能源领域中的页岩气开发利用就为低碳经济战略的发展提供了历史性机遇。此外,美国已经投入使用的利用激光快速成型和激光加层制造技术形成产品的添加式制造技术(俗称3D打印技术),该技术无须机械加工或模具就能生成任何形状的物体,从而彻底颠覆了

传统制造业，为工业设计带来无限可能，而且绿色环保、无污染、无浪费。单从经济领域来看，该技术将为美国带来巨大收益，并成为美国制造业回归的“撒手锏”。为了在这些新的科技和产业领域占据优势地位，进一步提升国际竞争力和国际话语权，美国政府更加重视知识产权保护。事实上，美国一向十分强调对高科技知识产权的保护，对尖端高科技采取封锁和限制政策，限制国外企业收购美国高科技企业，美国通过制定涵盖范围广泛的知识产权制度，有效地保护科技专利成果。

可以说，新一轮科技和产业革命的“核心专利争夺战”已经悄然展开，之后进行的将是爆发式的大规模市场应用。这场“不宣而战”的专利争夺战，将直接影响一个民族的前途和命运，掌握第六次科技革命核心技术的国家，在国际竞争中将具有难以动摇的战略优势，这为知识产权提供了历史性机遇。

二是社会信息化为知识产权保护带来新挑战。

以计算机信息处理技术和传输手段的广泛应用为基础和标志的新技术革命，影响和改造社会生活方式与管理方式的过程。自 20 世纪 90 年代以来，信息技术日新月异，信息产业持续发展。尤其是进入 21 世纪以后，信息技术加速发展的势头更加明显，信息化已成为全球经济社会发展的显著特征。社会信息化对人类社会的发展产生了全面深远的影响，正在引发当今世界的深刻变革，重塑世界政治、经济、社会等领域发展的新格局。

互联网作为一个传播高效的媒体平台，是社会信息化的重要推动力。在互联网这个平台上，各种信息化应用正日益丰富我们的生活。电子商务、新兴媒体、网络教育、网络医疗、网络娱乐，以及各种数字化产品都在纷纷兴起。然而，网络交往对象的虚拟性、间接性和隐蔽性也使得互联网逐渐成为知识产权侵权的重要场域。这种网络侵权行为不但会损害权利人的创作热情，而且也会严重削弱一个国家的创造力。互联网环境下的不正当竞争已经成为影响产业界探索发展新模式的拦路虎,互联网环境使得知识产权保护变得更加困难。

在互联网环境下,智力成果能以极快的速度在全球范围内传播,国与国之间的界线被模糊和淡化,智力成果更容易被不同法律环境中的主体所接受和使用。因此,各国知识产权立法、权利保护期限的差异以及信息流跨国高效率传输等特点,尤其是网络环境下知识产权载体的无形性,都给知识产权的确认、有偿使用、侵权监测及实施保护带来困难。网络环境下知识产权保护面临的困境,其实质是计算机网络的全球性与知识产权的地域性之间的冲突,其最终解决有待于国际协调和有关国际协议的达成。

在社会信息化时代,知识产权已经成为国家之间、企业之间重要的竞争武器和博弈工具,其背后越来越涉及经济问题甚至政治问题。美国总统奥巴马在一次谈话中提到,知识产权保护与互联网自由之间要寻找一个平衡点。这也从侧面反映出,两者的平衡已经成为当下迫切需要解决的难题。同时,在互联网时代,知识产权保护的国际合作变得十分必要。如何针对互联网时代出现的知识产权保护新问题,积极推动互联网环境下知识产权保护相关国际规则的制定,为互联网时代知识产权保护提供更加清晰、完善的国际法框架,在全球范围内形成保护知识产权的法律框架和执法机制,成为世界各国面临的共同课题。

(3)发达国家和地区纷纷制定知识产权强国战略,抢占经济发展先机

随着知识经济时代的到来和国际经济的发展,知识产权制度的不断发展,科技与知识产权的关系日益紧密,知识产权在大国关系中的地位日益突出,成为一个国家经济发展到特定阶段时所必须实施的发展战略。在这一背景下,各国和地区均重视知识产权,通过制定知识产权战略,加强对本身知识产权的保护和创新,既维护了国家利益又增强了国际话语权。

美国的直接目标是重振美国经济,确保美国的国际竞争力,最终目

标是为美国的世界霸主地位提供持续支撑。知识产权是美国的产业核心竞争优势,也是美国的国家核心经济利益之所在,作为美国软实力基石的知识霸权是美国建立国际新秩序的重要手段,也是美国构筑国际新秩序的重要途径。通过实施一系列政策、措施,美国既谋求保持科技领先优势,又通过知识产权贸易保护主义打击竞争对手,这对于其霸权地位的维持起到了"一箭双雕"的作用。

美国知识产权政策、措施的主要特点是内外并举。对内,注重加强保护与鼓励竞争的平衡,一方面对传统知识产权立法进行修改与完善,扩大保护范围,加强保护力度,不断将一些新兴技术形式纳入知识产权保护范围;另一方面重新界定知识产权的权利归属和利益分配,加强创新成果转化方面的立法。对外,美国不断推动知识产权国际规则的变革,在国际贸易投资合作中加强知识产权保护。

欧盟及其成员国推行知识产权战略的目标在于维持经济增长,确保欧盟的科技创新和国际贸易优势,进而提升欧盟的总体实力与国际影响力。欧盟更推崇规则政治,希望通过在国际规则中的优势地位弥补其在政治军事中的弱势。知识产权关系到科技竞争与经济优势,是欧盟在国际社会中的着力点,对此,欧盟会不遗余力地维护知识产权。

在欧盟,知识产权领域的协调和统一已经达到了成熟和完善的程度,已经逐步形成统一的欧洲知识产权法律制度。欧盟知识产权在贸易领域的协调和保护能力,在知识产权国际社会中占据优势。

日本知识产权立国战略的总体目标是推动日本经济发展,增强其国际竞争力,为日本的国家发展提供实力支撑。日本知识产权立国战略的核心,是把研究活动和创造活动的成果作为知识产权从战略上加以保护应用,把产业发展的基础建立在技术、设计、品牌以及音乐、影视节目等信息化产品的知识创造上,以知识产权为基础,提升产品和服务的附加值,进而实现日本经济社会的新发展。

韩国知识产权战略的首要目标是发展韩国经济,增强韩国国际竞争力，提升韩国国际影响力。相对而言，韩国《知识产权强国实现战略》确立的目标更为具体，一是改善技术贸易收支，二是扩大著作权产业规模，三是提升知识产权国际主导力。通过积极推进其《知识产权基本法》制定工作，把促进知识产权运用和加强知识产权保护作为工作重点，强化知识创造力和知识产权竞争力，促进韩国从制造业强国向知识产权强国发展。

2.建设知识产权强国的国内形势

2014年我国经济总量跃升世界第二，经济发展进入"新常态"：从高速增长转为中高速增长；经济结构不断优化升级；从要素驱动、投资驱动转向创新驱动，"调结构、转方式、促创新"成为国家经济发展的主线。

(1)创新驱动发展呼唤发挥知识产权引领作用

目前由于资源紧缺、环境污染和产能过剩，传统的粗放型增长模式已然不适用于中国，中国必须实现"绿色崛起"，坚持走大力节约资源、保护生态环境的现代化之路，从根本上推动经济发展方式的转变。创新驱动作为加速中国经济转型升级的新引擎，通过提高科技进步在经济增长中的贡献率、推动经济结构调整、促进技术进步与管理创新、提高全要素生产率来转变经济发展方式，为未来深化改革注入新的活力。

建设现代化经济强国，让14亿人民过上幸福富裕的生活，最根本的是要走创新驱动、科学发展的道路，需要通过知识产权能力的提升将创新成果转化为现实生产力。党的十八大做出了实施创新驱动发展战略的重大部署，迫切需要将知识产权运用与技术创新、产品创新、品牌创新、商业模式创新等有机融合，激发各类创新主体的活力，打通技术创新与产业转型发展的通道，促进工业创新成果价值实现。

(2)"互联网+""大众创业、万众创新"要求发挥知识产权促进经济发展方式转变的作用

在全球新一轮科技革命和产业变革中，互联网与各领域融合发展，成为不可阻挡的时代潮流，对于推动技术进步、效率提升和组织变革，

提升实体经济创新力和生产力具有积极作用，并且逐渐形成广泛的以互联网为基础设施和创新要素的经济社会发展新业态。

深化推广知识产权战略，成为经济发展新业态、新动力的必要支撑。2015 年 7 月发布的《国务院关于积极推进“互联网＋”行动的指导意见》，明确提出要强化知识产权战略，加快推进专利基础信息资源开放共享，鼓励服务模式创新，提升知识产权服务附加值，推进互联网开源社区与标准规范、知识产权等机构的对接与合作。既要发挥知识产权对“互联网＋”新模式的保障作用，又要借助“互联网＋”促进知识产权工作模式创新、提质增效。在网络时代“大众创业、万众创新”的新趋势下，国务院办公厅发布《关于发展众创空间推进大众创新创业的指导意见》，也将知识产权作为营造良好的创新创业生态环境的重要支持，鼓励为初创企业知识产权服务的产业发展。

(3)企业“走出去”战略对知识产权国际合作提出更高要求

在 40 多年改革开放实践基础上，“走出去”战略正式上升到关系国家发展全局和前途的重大战略高度。知识产权战略成为企业跨国经营保持竞争优势和进行跨国并购的关键。但近些年随着中国产品科技含量的不断提升，中国企业“走出去”过程中涉外知识产权侵权等问题也层出不穷，不仅涉案的金额、规模更大，涉案产品的品种更多样，领域也更加广泛，使我国企业蒙受极大损失。一方面，美国、欧盟等发达国家和地区对我国企业对外直接投资和出口设置知识产权壁垒，通过“337调查”、海关侵权调查、“临时禁令”等限制或阻碍我国企业海外发展；另一方面，我国企业品牌遭海外市场抢注、中国电信设备生产商华为和中兴通讯等屡遭美国国家安全审查等，这些都警示我国企业在“走出去”过程中要更加关注知识产权问题。

3. 国内外形势对知识产权强国建设提出新需求

(1)国际层面：推动知识产权本土化与国际化结合

在知识产权国际格局大分化大调整阶段，世界多极化趋势愈加明显,发达国家纷纷用知识产权制度抢占经济、科技的制高点,我国应该立足于知识产权国情,在全球社会视野中,推动国际知识产权规则朝着普惠包容、平衡有效的方向发展。我国知识产权制度从一开始就与国际接轨,制度的发展和完善也对世界知识产权制度产生了积极的影响。我国要积极推动知识产权本土化与国际化相结合,在健全中国特色知识产权制度的过程中,充分考虑我国创新主体和市场主体的需求,发挥知识产权对经济社会发展的支撑作用;在参与国际知识产权规则制定的过程中,有力地推动全球的创新发展,造福全人类。

(2)国内层面:促进知识产权与经济发展深度融合

经济发展“新常态”要求知识产权与经济、科技深度融合,利用知识产权推动经济发展方式的转变和产业结构的转型升级。为此,应当大力发展知识产权密集型产业,运用专利导航产业发展,培育知识产权运营机构和知识产权优势企业,提高企业知识产权运营能力,促进知识产权国际贸易。创建良好的知识产权环境,提升审查质量,提供公共信息和人才培训服务,提高全社会的知识产权意识。改革知识产权处置权、收益权体系,构建专利权经济价值评价体系,完善技术交易市场和服务,搭建高效的技术交易平台,重塑知识产权投融资体制机制,建好知识产权(专利)孵化器,强化知识产权的创造、运用、保护、管理和服务,提升知识产权对经济发展的贡献度。

(3)产业层面:提升产业核心竞争力

随着新一轮科技革命和产业变革,科技创新成为世界经济竞争的焦点。面对当今科技和经济发展的总体态势,世界各主要发达国家都把科技创新作为国家战略,把科技投资作为战略性导向,把超前部署和发展战略技术及产业作为带动经济发展的关键举措。紧紧把握“中国制造 2025”时代浪潮,发挥知识产权对“互联网+”新模式的保障作用,在深远的产业变革中加强创新和知识产权运用,抢占新生产方式、新产业形态的制高点。紧紧抓住我国推进科技创新的重要历史机遇,用好实施创新驱动发展战略基础条件，加强关键与核心技术知识产权储备，制定一批拥有核心技术的国内、国际标准。

（4）企业层面：培育一批知识产权优势企业

“走出去”战略进入加快实施的关键阶段，要加快走出去步伐，就必须增强企业知识产权国际化经营能力，培育一批世界水平的知识产权优势企业。企业是建设知识产权强国的主体，知识产权强国意味着企业专利权应作为维持企业竞争的核心工具，专利权的作用要体现在对竞争对手的排他性上，以及对上下游合作伙伴的控制性上。提高企业面向全球的知识产权资源配置能力，降低创新成本和风险来获得竞争优势。因此，建设知识产权强国，创新驱动新一轮经济发展的国内外宏观形势要求培育一批具备知识产权综合实力的大中小优势企业，具有较强的创新能力，掌握一批各领域的核心知识产权，鼓励和支持企业运用知识产权参与市场竞争，推动市场主体开展知识产权协同运用，形成国际竞争力。

（二）知识产权强国面临的重大问题

1. 知识产权促进经济发展作用不明显

创新是经济发展的源泉，理论上知识产权制度可以保护创新、激励创新，从而促进经济发展。然而实证研究结论并没有完全证明知识产权制度对经济发展产生促进作用。如马斯克斯（Marskus）等人研究发现在不同的经济发展阶段和水平下，知识产权保护对经济的促进作用有所不同。美国商务部于 2012 年 4 月 11 日发布标题为《知识产权与美国经济：聚焦产业》的报告。报告指出，2010 年，知识产权密集产业为美国经济贡献 5.06 万亿美元，占国内生产总值的 34.8%；2010 年，知识产权密集产业直接或间接提供 4000 万个工作岗位，占美国工作岗位总数的 27.7%；2010 年至 2011 年，经济复苏使知识产权密集产业直接雇用的工作岗位增加 1.6%，仅略高于非知识产权密集产业 1%的增长率；2010 年，知识产权密集产业商品出口 7750 亿美元，占美国商品出口总额的 60.7%。[①]

欧洲专利局和欧洲内部市场协调局于 2013 年 9 月 30 日共同发布了《知识产权密集型产业对欧洲经济和就业的贡献》的研究报告。报告表明，欧盟的所有行业中约 50%属于知识产权密集型行业，其创造产值约 4.7 万亿欧元，对欧洲国内生产总值的贡献率仅达 39%；欧洲出口产品和服务的 90%都属于知识产权密集型行业；知识产权密集型行业直接提供的就业岗位约 5650 万个，仅占全部就业岗位的 26%，间接提供就业岗位 2000 万个，占比约 9%；知识产权密集型行业的工资水平较其他行业平均高出 40%。[②]

目前我国知识产权对经济发展的促进作用表现也不明显，据国家知识产权局和统计局 2020 年发布的数据显示，2018 年全国专利密集型产业增加值占 GDP 的 11.6%。国有企业和集体企业的“有效发明专利数”只占到总数的 6.37%，私有企业、港澳台商和外资企业的“有效发明专利数”却占到总数的 20.1%，10.15%和 14.34%。[③] 这些数据潜在表明，国企有足够的获利渠道，所以没有太强烈的意愿使用专利制度。对比各行业国有企业利润率与行业内全部企业平均利润率水平，国有企业的主要利润不是依靠技术创新获得，而是来源于行政手段的干预。

同时，我国规模以上企业专利经济活动调查显示，我国只有 10%左右的规模以上企业拥有专利；[④]国家知识产权局 2013 年度专利调查显示，我国掌握专利的企业、高校和科研单位对专利的使用效率比较低，高校年度有效专利实施率在 30%左右，大量创新科技成果没有被运用

① 参见国家知识产权局网站，http://www.sipo.gov.cn/zlssbgszlyj2015/201506/t20150619_1133413.html，2020-01-13。

② 参见商务部网站，http://www.mofcom.gov.cn/article/ijyjlm/201310/20131000333305.shtml，2020-01-13。

③ 参见国家知识产权局知识产权发展研究中心，《中国特色知识产权制度理论与实践研究报告》，2014 年。

④ 参见国家知识产权局，《规模以上企业经济活动调查报告》，2013 年。

实施转化为实际生产力。①

2. 知识产权保护水平跟不上市场需求

虽然我国知识产权保护制度初步形成，已建立起中国特色知识产权保护体系，但由于我国知识产权法律制度起步较晚，人们的知识产权意识较为薄弱，知识产权保护制度及其实施还处在成长过程中，知识产权保护的实际效果和社会的期待存在较大差距，知识产权保护的社会满意度总体还不高。专利维权存在“时间长、举证难、成本高、赔偿低”“赢了官司、丢了市场”以及判决执行不到位等状况，挫伤了企业开展技术创新和利用专利制度维护自身合法权益的积极性。2014 年 6 月，《专利法》执法检查组在浙江座谈的 12 家企业、6 家高校和科研机构中，有 11 家企业、5 家高校和科研机构反映专利保护不力，中小企业反映尤为强烈。专利行政执法力度不足，不能有效制裁和震慑专利侵权行为，不能充分发挥快速解决纠纷、维护市场公平竞争的作用。专利审判队伍建设和专利司法执法能力还有待进一步提高；专利侵权诉讼中确权程序复杂，侵权举证难度大，而判决赔偿额往往无法弥补权利人遭受的损失。② 知识产权纠纷民事仲裁与民间调解等正处于起步阶段，与知识产权强国的战略目标仍然存在较大的差距。

3. 知识产权公共服务和社会服务基础薄弱

知识产权公共服务水平的提升，能对企业的创新发展、知识产权运用、知识产权保护等方面带来增值效益，对国家经济转型升级、创新能力的提高带来巨大的外部收益。高水平的公共服务体系是知识产权强国的重要表征，亦可以作为知识产权强国的描述和评价指标，进而有效支撑我国知识产权强国建设的全面展开。

① 参见国家知识产权局，《中国专利调查报告》，2013 年。

② 参见《全国人民代表大会常务委员会执法检查组关于检查〈中华人民共和国专利法〉实施情况的报告》。

总体上，我国知识产权公共服务能力不强，还不能满足建设知识产权强国的总体要求。目前，我国的知识产权公共服务大多还限于专利申请资助、专利信息检索等基础服务，这些服务并非当前企业最迫切需要的。而伴随企业的发展所出现的种种需求，如知识产权价值评估、知识产权金融服务、高层次知识产权服务机构等，当前知识产权公共服务体系还无法胜任。目前在知识产权的创造、运用和保护等方面的信息公开程度不高，知识产权信息服务不强，知识产权信息库和公共服务平台不健全，我国有 3000 多个数据库，得到有效利用的不足 10%，信息公开程度相当于美国的 10%。

除了公共服务外，知识产权社会服务机构发展也存在不足，根据《2013 年全国知识产权服务业统计调查报告》数据，截至 2012 年 6 月，我国从事各类知识产权服务的机构数量为 16399 家，约占全国服务业机构总数的 2.5‰；知识产权服务人员总数为 28.4 万人，约占全国全部服务业从业人员的 1‰（2011 年底按三次产业区分就业人员数）。然而伴随着国内高科技企业国际化、全球化经营，企业将知识产权作为自身的核心竞争力，对知识产权服务的需求不断增大。我国知识产权服务业作为独立产业形态的时间较短，存在着行政管理机构分割、市场主体发育不健全、服务机构专业化程度不高、高端服务业态较少、缺乏知名品牌、发展环境不完善、复合型人才不足、区域发展不平衡等问题。

4. 创新主体知识产权能力不足

随着国家知识产权战略的实施，我国知识产权总体实力快速提升。企业是市场创新的主体，但企业总体知识产权创新能力不高，其表现为：企业运用知识产权能力、科技成果转化能力与发达国家相比还有很大差距，缺乏核心技术，行业内部不均衡现象日益突出，企业之间的知识产权实力差距较大。

汤森路透集团基于专利数据公布了“2014 全球创新企业百强”榜，39 家来自日本，4 家来自韩国，2 家来自中国台湾，1 家来自中国大陆

(华为)[①],说明我国企业的专利运用转化能力还有很大差距。

从不同行业来看,行业内部不均衡问题日益突出,表现为电子信息、装备制造、生物医药等行业发明专利数占全部工业比重超过50%,而皮革、家电、纺织、服装其他行业比重偏低,知识产权实力较弱。《专利合作条约》(PCT)国际专利申请更是电子信息一业独大,其申请量占比接近40%,其他除装备制造(11.7%)、化学与医药(9.5%)外,纺织、材料、环境科技、光学等领域申请量都非常小。部分行业如电子信息虽然知识产权实力大幅提升,但由于缺乏核心技术,使我国在电子信息、DVD等产业发展中遭遇国外技术专利、商标等方面技术壁垒,知识产权诉讼纠纷不断增多,部分产业发展须支付国外公司高额的知识产权许可费用。

从企业结构看,企业之间的知识产权实力差距也非常大,绝大多数企业知识产权实力薄弱。国家知识产权局数据显示,2012年,我国规模以上工业企业有超过86%的企业没有研发活动,87.8%的企业没有申请专利,如果加上中小企业,这个比例会更高。可见,我国大部分企业对知识产权重视不够,知识产权创造能力低,知识产权实力薄弱。即使是12.2%有知识产权活动的企业中,大部分企业知识产权运维投入少、知识产权人才缺乏、无效专利较多、知识产权成果转移和产业化率低等问题也比较突出,企业规模大、利润低,依靠低成本优势竞争、走粗放式发展道路等问题突出。

5.知识产权国际合作话语权不足

在国际合作与交流方面,我国通过双边、多边谈判,积极主动参与国际规则制定,国际规则话语权进一步提高。维护和拓展知识产权国

---

① 《汤森路透发布2014年"全球百强创新机构"榜单》,http://thomsonreuters.cn/news-ideas/pressreleases/%E6%B1%A4%E6%A3%AE%E8%B7%AF%E9%80%8F%E5%8F%91%E5%B8%83-2014-%E5%B9%B4%E5%85%A8%E7%90%83%E7%99%BE%E5%BC%BA%E5%88%9B%E6%96%B0%E6%9C%BA%E6%9E%84%E6%A6%9C%E5%8D%95,2013-01-13。

际交流与合作，提升我国知识产权保护的国际形象，知识产权信息资源及基础设施的国际利用与交流取得进展，加强了海外维权工作。但与发达国家相比，我国目前尚未形成体系化的知识产权国际战略，仍缺乏统一高效的知识产权外交政策体系和工作机制，在国际知识产权领域缺乏足够的影响力和话语权，应对常显被动。近年来，美、欧、日、韩等发达国家和地区在知识产权相关政策制定中表现出更加突出的外向型特征，旗帜鲜明地为本国和本地区企业征战国际市场服务。而我国企业"走出去"过程中往往由于知识产权国际战略的缺位而处于"被动挨打"地位。以美国针对企业知识产权侵权发起的"337 调查"为例，截至 2012 年，我国已经连续 11 年成为遭受该调查最多的国家，我国涉案企业已超过 150 家，涉及下游企业高达上万家，我国企业败诉率超过 60%，远高于平均的 26%。国际合作进一步拓展，但知识产权国际战略不明确，难以把握国际竞争主动权。[①]

（三）建设知识产权强国总体思路

解决知识产权强国建设中面临的重大问题，当以问题和目标为导向，以《国家知识产权战略纲要》（以下简称《纲要》）的战略部署为逻辑起点，在发展的基础上延续知识产权的重大部署；同时又要创新突破，根据创新驱动发展战略、经济发展新常态、"互联网＋"以及"大众创业、万众创新"等新形势和未来趋势，坚持"点线面结合、局省市联动、国内外统筹"，前瞻谋划，形成重大项目、工程和政策相结合的体系。

1. 问题导向、任务引领

建设知识产权强国，应当紧扣经济社会发展的重大需求和知识产权工作中的重大问题，依据强国建设的战略任务，着力打通创新成果向

① 《国家知识产权战略纲要》实施五年评估组，《〈国家知识产权战略纲要〉实施五年评估报告》，知识产权出版社 2014 年版，第 109 页。

现实生产力转化的通道，着力破除科学家、科技人员、企业家、创业者创新的障碍，着力解决要素驱动、投资驱动向创新驱动转变的制约，让创新真正落实到创造新的增长点上，把创新成果变成实实在在的产业活动。

具体举措的谋划应当放宽视野，始终将创新摆在国家发展全局的核心位置，创新创造、应用、管理、品牌、组织、商业模式，统筹推进"引进来"与"走出去"合作创新，实现知识产权创造、制度创新、开放创新的有机统一和协同发展。同时，这一谋划也应严守市场与政府的界分，让市场成为优化配置创新资源的主要手段，政府依法履行行政管理职能，让企业成为技术创新的主体力量，让知识产权制度成为激励创新的基本保障，并大力营造勇于探索、鼓励创新的知识产权文化和社会氛围。

2. 突出重点、务求实效

《纲要》的重点战略系统涉及完善知识产权制度、促进知识产权创造和运用、加强知识产权保护、防止知识产权滥用及培育知识产权文化五项内容。

目前知识产权强国建设中，上述内容虽然依然需要加强，但是主要矛盾已经发生了变化，因此，知识产权工作的重心也应当针对知识产权促进经济发展作用不明显、知识产权保护水平不充分、知识产权服务业不发达、创新主体能力不足以及知识产权国际规则影响力不足等问题，将新时期的知识产权事业发展的重点放在上述五个方面，而不是面面俱到，全面推进。

政府应当着重落实强国建设的战略任务，积极推进，细致谋划，制定法律法规和政策规划，提供公共服务，做好市场监督和管理，运用政策引导和支持市场主体更好地创造和运用知识产权，加强知识产权保护，降低知识产权国际合作的制度成本，帮助企业成为知识产权创造和运用的主体，支撑全球新一轮科技革命与产业变革和经济发展新常态下的创新驱动发展，落实"两个一百年"奋斗目标对知识产权的历史任务和要求。

而且,具体的举措是一个开放体系,是动态发展、不断演进的。在实施过程中,会根据国家大政方针、经济和社会发展矛盾焦点的转移做适时的调整,与时俱进地进行优化。

3. 区分层次、系统推进

建设知识产权强国,在具体推进的举措上可以突破《纲要》中战略目标、战略专项任务及其战略措施的体系,区分层次,谋划重大项目、重大工程和重大政策,形成体系,联动推进。

对于强国建设中具有长期性、基础性的问题,我们设置了重大项目,作为强国建设的“线”,贯穿始终,具体内容包括立项缘由、项目目标、项目内容、时间节点及预期目标;在每个项目之下,还有与之相配套的重大工程,作为强国建设的“点”,阶段推进,按照各个时期的任务重点,确立工程目标、工程内容、时间节点、预期目标、实施单位和保障条件;重大工程项下,根据需要设置不同的时间段予以实施。重大项目和重大工程都应当具有可操作性,可以按照时间节点实施,推进知识产权强国建设。

对于强国建设中法规政策体系等方面的共性问题,我们则通过知识产权重大政策,作为强国建设的“面”,发挥支撑和引导的作用,营造“大众创业、万众创新”的政策和制度环境,提升劳动、信息、知识、技术、管理、资本的效率和效益,进一步促进生产力发展,加快形成我国经济社会发展的新引擎。各个项目之下也可以针对具体的问题,设计特殊的配套政策,保障单个项目和项下工程的实施,为建设知识产权强国提供强有力支撑。

(四)建设知识产权强国具体路径

以重大项目、重大工程和重大政策(即“三个重大”)为抓手,以问题和目标为导向,前瞻谋划、着眼发展、区分层次、系统推进,是解决知识产权强国建设中重大问题的具体路径。基于这一思路,设计知识产权重大项目、重大工程和重大政策各有侧重，相互协同。

1. 谋划重大项目

项目(project)是美国最早的曼哈顿计划开始的名称。后由华罗庚教授于20世纪50年代引进国内(由于历史原因曾称为统筹法和优选法)，我国台湾地区称为项目专案。项目是指一系列独特的、复杂的并相互关联的活动，这些活动有着一个明确的目标或目的，必须在特定的时间、预算、资源限定内，依据规范完成。《现代汉语词典》(第7版)中“项目”是指事务分成的门类，如服务项目、体育项目等。

国家发展和改革委员会(以下简称“发改委”)办公厅《关于报送拟申请纳入国家“十三五”规划的重大政策、重大工程和重大项目的通知》中明确规定，重大项目要着眼于对推动经济建设、加强生态环保、保障改善民生作用显著的重要领域，从经济社会各方面综合考虑研究提出。

根据发改委对重大项目的规定，本书中知识产权强国建设的重大项目是指为深入实施知识产权战略，推进知识产权强国建设，建设创新型国家和小康社会，需要解决的制度、机制、人才、服务等重要工作。重大项目是基于知识产权促进经济、科技、贸易的发展以及外交和国家安全角度，立足国情，知识产权强国建设的长远发展需要解决的关键问题，包括知识产权强国建设的制度、文化、环境、外交、人才等重要问题，不仅涉及经济建设领域，也涉及社会发展领域。

2. 谋划重大工程

18世纪，欧洲创造了“工程”一词，其本义是兵器制造、军事目的的各项劳作，后扩展到许多领域，如建筑屋宇、制造机器、架桥修路等。工程是科学和数学的某种应用，通过这一应用，自然界的物质和能源的特性能够通过各种结构、机器、产品、系统和过程，以最短的时间和少而精的人力做出高效、可靠且对人类有用的事物。工程也是将自然科学的理论应用到具体工农业生产部门中形成的各学科的总称。《现代汉语词典》（第7版）中“工程”有两个含义，一是土木建筑或其他生产、制造部门用比较大而复杂的设备来进行的工作，如土木工程等；二是泛指某项需要投入巨大人力和物力的工作。

发改委办公厅《关于报送拟申请纳入国家“十三五”规划的重大政策、重大工程和重大项目的通知》中指出，重大工程要着眼于对经济发展和结构调整全局带动性强的重要领域，认真评估已有重大工程进展情况，按照发展阶段需要、回应人民期待、考虑财力能力的要求研究提出。

根据发改委对重大工程的规定，本书中知识产权强国建设的重大工程是指结合国民经济发展规划、相关产业、区域发展规划，针对重点领域的知识产权保护、知识产权人才、知识产权文化等知识产权发展迫切需要解决的主要问题，包括《专利法》的修改与完善、知识产权法院审判体系建设、知识产权海关执法协作平台的构建等等。重大工程是立足于知识产权事业本身发展需要，着力解决当前突出的主要矛盾和瓶颈制约，聚焦解决实际问题，任务明确，路径清晰。

3. 谋划重大政策

《现代汉语词典》（第7版）中“政策”是指国家或政党为实现一定历史时期的路线而制定的行动准则。即政策是国家政权机关、政党组织和其他社会政治集团为了实现和体现自己所代表的阶级、阶层的利益与意志，以权威形式标准化地规定在一定的历史时期内应该达到的奋斗目标、遵循的行动原则、完成的明确任务、实行的工作方式、采取的一般步骤和具体措施。

我国的产业政策极少以法律的形式出现，主要为“规划”“目录”“纲要”“决定”“通知”“复函”之类的文件，如《船舶工业调整振兴规划》《船舶工业中长期发展规划》《国家产业政策指导目录》等。我国的国有企业在很多重要的行业仍居主导地位，因此对企业进行扶持或规制无须借助法律即可完成。

发改委办公厅《关于报送拟申请纳入国家“十三五”规划的重大政

策、重大工程和重大项目的通知》中指出，重大政策要着眼于解决突出矛盾、营造公平环境、激发社会活力的重要领域，着力解决工业化、信息化、城镇化和农业现代化四化同步过程中面临的重点难点问题，按照统筹推进经济、文化、社会、生态文明等领域建设的要求研究提出。

根据发改委对重大政策的规定，本书中知识产权强国建设的重大政策是指，为支撑和保障知识产权强国重大项目和工程的顺利实施，主要针对知识产权事业发展深层次矛盾和突出问题，而推出的重大举措。重大政策既要为经济社会发展、创新型国家建设营造公平公正的知识产权良好环境，又要充分利用知识产权激励人民群众创新创造创业的热情和才智的全面迸发。知识产权重大政策主要聚焦在解决政府与市场关系，建立完善负面清单、权力清单，约束政府干涉微观经济活动的举动，重点完善公共服务体系，加强社会管理和市场监管，科学配置公共资源，努力实现更有效率、更加协调、更可持续的发展。

2008 年《纲要》颁布实施以来，我国知识产权事业取得长足进步，对经济社会发展发挥了重要作用，取得了令人瞩目的巨大成就，《纲要》确定的目标基本实现。党的十九大做出了中国特色社会主义进入新时代的重大判断，提出要在 2020 年全面建成小康社会的基础上，分两步走建成社会主义现代化强国，强调要“倡导创新文化，强化知识产权创造、保护、运用”。党的十九大报告为新时代知识产权事业发展指明了努力方向，提供了根本依据。

近年来，以习近平同志为核心的党中央就知识产权法律制度建设、知识产权综合管理改革等相关问题做出了一系列重要指示，提出了“产权保护特别是知识产权保护是塑造良好营商环境的重要方面”等重要论断，发出了“保护知识产权，促进公平竞争”等重大号召，明确提出“倡导创新文化，强化知识产权创造、保护、运用”。2018 年 3 月 7 日，习近平参加十三届全国人大一次会议广东代表团的审议时强调，“发展是第一要务，人才是第一资源，创新是第一动力”。我国经济正处在转变发展方式、优化经济结构、转换增长动力的攻关期。要着眼国家战略需求，加强对中小企业创新支持，培育更多具有自主知识产权和核心竞争力的创新型企业。

2018 年 3 月 5 日，李克强在对 2018 年政府工作的建议中指出，要以保护产权、维护契约、统一市场、平等交换、公平竞争为基本导向，完善相关法律法规。对各种侵权行为要依法严肃处理，对产权纠纷案件要依法甄别纠正。李克强还在政府工作报告中提出，要强化知识产权保护，实行侵权惩罚性赔偿制度。这不仅深刻阐明了党中央、国务院牢固树立严格知识产权保护的理念，更体现了我国进一步加大知识产权保护的力度和决心。政府工作报告对知识产权工作的重要部署，为知识产权事业发展开启了新篇章。

二、高标准建设知识产权保护高地①

知识产权保护是一个复杂的系统工程，客观上需要我们构建知识产权“大保护”的工作格局。知识产权“大保护”的理念在 2016 年 4 月首次出现，该工作格局明确，建立国务院知识产权战略实施工作部际联席会议制度，进一步完善知识产权保护的统筹协调机制，加强国家层面和地方层面的知识产权保护联动，加快构建行政和司法两条途径优势互补、有机衔接的保护模式，深化知识产权保护的区域协作和国际合作。知识产权保护在制度安排、宏观政策、实施手段上理应更进一步，可以通过建设知识产权保护高地，回应创新空间集聚的需求以及打造知识产权保护新特区的趋势。

早在 2006 年，深圳市即已提出建设知识产权保护高地。当时主要是从地方知识产权战略的角度，对知识产权创造、运用、保护和管理进

① 本部分内容获得 2016 年国家知识产权局软科学研究项目《知识产权保护高地建设研究》支持。项目负责人：韩秀成、陈燕。成员：谢小勇、武伟、史冉、王淇、刘永超、陈泽欣、黎金。

行全社会、全方位和全过程的探索和实践，树立知识产权保护的社会意识。部分司法机关也从自身的职能出发，以保护为核心建立健全办案机制、提供知识产权公共服务、营造知识产权保护的社会氛围。在建设知识产权强国的新形势下，知识产权保护高地应当由一期的地方试点自发转为二期的国家试点，从战略探索向支撑强国建设过渡，从全面铺开向重点突破过渡，从国内视野向国际协调过渡，由国家选择有条件的试点区域，进行知识产权制度、执法、特色产业保护等知识产权保护改革试点试验。

（一）知识产权高地建设面临的形势

当前，知识产权国际格局正处于大分化大调整阶段，世界多极化趋势更加明显，发达国家纷纷用知识产权制度抢占经济、科技的制高点，不断提高知识产权保护水平。而新形势下，我国新旧发展动能的转换、实体经济的发展壮大和创新创业的空间集聚也对知识产权保护提出了更严格的要求。从世界范围来看，知识产权保护正呈现出三大特点。

1. 加强知识产权保护成为国际竞争的热点

知识资本已成为国际竞争环境中最紧缺最核心的资源。国与国之间的博弈不再只侧重于对劳动力和自然资源的争夺。各国在加强智力资源开发与利用的同时，也越来越重视对智力成果权利的保护，提升知识产权的保护成效就是对整个国家的经济命脉的有效维护。

美、日、韩等发达国家均力求将技术力量方面的优势反映在经贸活动上，实现知识产权与贸易的挂钩，在与其他国家的合作博弈过程中，将海外知识产权保护措施链条作为其国内知识产权政策的自然延伸，输出该国知识产权制度价值，能够确保国家整体竞争力得到极大巩固，并进一步促使本国的比较优势在全球范围内发挥。

2. 完善知识产权制度成为加强知识产权保护的焦点

TRIPs 时代，知识产权国际保护开始向双边、区域性体制转变，以美国为首的发达国家借助诸边知识产权协定及区域贸易协定积极推行高于TRIPs协议标准的知识产权规则,从而使制度竞争成为强化知识产权保护的焦点。未来几年,随着相关国际条约和区域贸易协定的签署,新一代国际知识产权规则体系随之形成,并将进一步影响多边知识产权规则走向,各国面临占领规则重构制高点的新机遇。

3. 创新集聚区域成为完善知识产权制度的据点

知识产权制度的完善依托于创新集聚区域,这些区域旺盛的保护需求又进一步催生了知识产权制度新的增长点,二者互相促进。从知识产权保护的区域分布来看,创新更倾向于空间集聚,依托产业链、价值链、创新链和知识链形成有利于创新的区域性合作网络系统。

知识产权保护的出发点在于保护各类创新成果,而创新活动具有空间集聚特征,即大城市的发明和商业化比较优势明显,而中小城市更适合承担技术创新商业化的制造环节。因此,在设计知识产权保护的政策时需要把握两个原则:一是创新活动与城市等级相匹配,重点扶持特大城市的发明和商业化;二是产业创新与城市等级相匹配,多数中小城市承接大城市技术扩散,实现传统产业升级。创新活动,特别是狭义的创新活动总是在大城市发生和商业化,而后向周边扩散。[①] 相对应地,知识产权保护需求也呈现出空间集聚特征,这就为知识产权保护高地的建设提供了坚实的基础。

(二)知识产权高地界定

1. 知识产权保护高地的概念

知识产权保护高地是深植于中国语境之下的概念。从文献来看,这一概念多见于地方政府知识产权工作计划,目标是要通过加大知识

① 李善同:《创新的空间集聚特征与中国区域创新驱动战略选择》,《中国经济时报》2016年7月11日。

产权保护力度，强化以企业为主体的创新机制，建立知识产权保护长效机制，营造全社会关注知识产权保护的氛围。部分司法机关也从司法保护的角度提出要打造知识产权保护高地。

新形势下的知识产权保护高地的概念，在内涵上应当围绕三个关键词来界定，一是严格保护，二是试点试验，三是区位优势。

形成知识产权保护高地，首要的就是要严格保护。《国务院关于新形势下加快知识产权强国建设的若干意见》（国发〔2015〕71号）在总体要求中即提出："实行更加严格的知识产权保护，优化知识产权公共服务，促进新技术、新产业、新业态蓬勃发展，提升产业国际化发展水平，保障和激励大众创业、万众创新，为实施创新驱动发展战略提供有力支撑。"知识产权保护高地的建设，题中之意就是要推动知识产权保护法治化，完善行政执法和司法保护两条途径优势互补、有机衔接的知识产权保护模式；加强新业态新领域创新成果的知识产权保护，探索商业模式知识产权保护制度和实用艺术品外观设计专利保护制度，探索互联网、电子商务、大数据等领域的知识产权保护规则；规制知识产权滥用行为，探索标准必要专利的公平、合理、无歧视许可政策和停止侵权适用规则。

形成知识产权保护高地，其次就是要开展保护方面的试点试验。《国务院关于新形势下加快知识产权强国建设的若干意见》提出，要"研究完善知识产权管理体制"，要"积极研究探索知识产权管理体制机制改革。授权地方开展知识产权改革试验。鼓励有条件的地方开展知识产权综合管理改革试点"。知识产权的严格保护离不开制度、体制机制和程序的保障，应当在加快完善中国特色知识产权制度和改革创新体制机制的前提之下，通过保护高地的建设，以国家统筹、地方试点试验的方式，发挥知识产权制度在激励创新、促进创新成果合理分享方面的关键作用，尝试破除制约知识产权严格保护的制度性障碍，进一步探索完善知识产权授权确权和执法保护两大核心体系，形成权界清晰、分工合理、责权一致、运转高效、法治保障的知识产权体制机制。

形成知识产权保护高地，还应当发挥区位优势。《国务院关于新形势下加快知识产权强国建设的若干意见》提出，要“统筹国际国内创新资源，形成若干知识产权领先发展区域，培育我国知识产权优势”。保护高地就是在知识产权保护领域的领先发展区域，一方面，按照推进形成主体功能区的要求，这些区域集聚全国乃至全球的创新资源，具有特定产业优势，对于周边区域具有强大的辐射效应；另一方面，严格知识产权保护将推动这些区域进一步增强自主创新能力，提升产业结构层次和竞争力，进一步加强全球开放创新协作，积极参与、推动知识产权国际规则制定和完善，为我国重点领域的产业和企业“走出去”提供有力的支撑。

2. 知识产权保护高地的要素

知识产权保护高地在外延上可以包括六大要素，根据保护高地的不同类型，可以具备其中几个或者全部要素。

（1）探索完善知识产权保护制度

知识产权保护高地的建设，应当试点试验有利于提升产业竞争力的知识产权保护机制，提高企业上诉、立案、取证、审理、审判等各环节效率，改善现行法定赔偿额度规定，大幅提高对重点行业恶性侵权行为的惩罚力度。以北上广地区知识产权法院建设为契机，集中审判资源，以试点示范带动制度创新，力争在证人制度、取证制度、执法制度方面取得新突破，提升审判和执法人员的产业专业知识水平。拓宽各类产业领域的知识产权保护范围，将商业模式等各类新业态、新商业方法纳入知识产权保护范围，加强新兴技术领域知识产权保护和遗传资源、传统知识、民间文艺、中医药等传统资源的知识产权保护。

（2）探索改革知识产权保护体制机制

知识产权保护高地的建设，应坚持市场的决定性作用，明确政府在知识产权保护方面的职责，改革知识产权保护体制机制，按照政府职能转变、建立服务型政府的要求，完善知识产权管理体系，对我国知识产权行政体制进行“大部制”的改革，推行知识产权“三合一”体制改革，加快建立统一的知识产权行政管理部门。高地可以试点试验集成知识产权管理职能，整合行政资源，将地方各级政府的专利、商标、版权等主要知识产权管理职能整合到一个独立、统一的行政管理机构中去，形成职能集中、权责明确的知识产权行政管理体制，从根本上改变当前知识产权保护职能分散、多头管理、权责交叉的现状，便于推动知识产权的严格保护。

(3)探索优化知识产权保护方式

知识产权保护高地的建设，应当完善行政执法和司法保护两条途径优势互补、有机衔接的知识产权保护模式。进一步推进侵犯知识产权行政保护案件信息公开，完善知识产权快速维权机制，加强海关知识产权执法保护，加大国际展会、电子商务等领域知识产权执法力度。开展与相关国际组织和境外执法部门的联合执法，加强知识产权司法保护对外合作，推动我国成为知识产权国际纠纷的重要解决地，构建更有国际竞争力的开放创新环境。

(4)探索发挥行业或者领域特色

知识产权保护高地的建设，应当根据中国区域发展特征，利用知识产权制度促进区域发展，发挥本地的行业或者领域特色。要在拥有更多技术水平领先的核心专利并逐步树立享誉全球的品牌价值的基础上，先具有更为雄厚的知识产权综合实力，以便在研制新产品并推向国内外市场的过程中付出更少的知识产权成本；再加以夯实产业领先的知识产权基础实力，以便逐步获得知识产权对外转让许可等带来的经济收益。在装备制造、精密仪器、信息、材料、生物等领域，加快培育一批技术领先、知识产权综合实力强、附加价值高的知识密集型产业和龙头企业。在部分领域力争占据国际技术制高点，全面缩小与发达地区的技术差距，实现零的突破，进一步降低企业引进专利技术的成本。

(5)探索优化知识产权保护生态环境

知识产权保护高地的建设，应当从法治、市场和文化三方面三管齐下，推动保护生态环境的建设。加大打击窃取商业秘密、侵犯知识产权、坑蒙拐骗、假冒伪劣等不法行为的力度。同时还需要从县、市、区以及企业的点上进一步突破，为企业和产业提供专业的知识产权服务，为大学和公共研究机构知识产权产业化提供专家顾问团队，发掘有潜力的知识产权并力促市场化，加强科研院所和高等院校创新条件建设，让各类人才的创新智慧竞相迸发，从而整体形成知识产权环境。

(6)探索知识产权国际保护体系化

知识产权保护高地的建设，应当积极参与知识产权国际规则的制定，密切关注美国发起的自由贸易区谈判和诸边谈判中的知识产权规则动向，密切跟踪研究发达国家参与的高标准的双边或区域自贸协议、国际投资协定谈判中提出的知识产权保护相关新的条款，必要时可以先行先试，尝试引入内涵更丰富的、更高标准的知识产权条款，为我国应对新一轮国际知识产权规则的调整进行试验。

同时，强化我国海外知识产权保护与维权，加强货物贸易领域的知识产权保护与执法。严格遵守知识产权国际规则，加强对外贸易领域尤其是出口领域的知识产权保护与执法。支持产业和企业在实施“走出去”战略中进行海外知识产权布局与维权。利用综合手段支持我国企业申请国际专利，大幅提高我国企业申请国际专利的数量和质量。建立海外企业知识产权维权援助中心，支持我国企业针对国外企业对其知识产权的侵权行为进行诉讼。

3. 知识产权保护高地的特征

知识产权保护高地基于三大关键词和六大要素的界定，具备如下五大特征。

(1)“全”

知识产权保护高地的建设，应当根据《国务院关于新形势下加快知识产权强国建设的若干意见》的要求，在完善知识产权审查和注册机制、加大知识产权侵权行为惩治力度和知识产权犯罪打击力度、建立健全知识产权保护预警防范机制、加强新业态新领域创新成果的知识产权保护和规制知识产权滥用行为等方面全方位严格知识产权保护。

（2）“新”

知识产权保护高地的建设，应当着重加强新业态创新成果的知识产权保护。现行知识产权制度在保护内容、要求和审查标准等方面都不能很好地适应新业态、新领域创新的特点和保护需求，迫切需要全面梳理此类创新特点，深入分析我国创新主体现实需求，通过试点试验，在知识产权保护高地加强对新业态、新领域创新成果的知识产权保护。

（3）“好”

知识产权保护高地的建设，应当具备良好的知识产权保护效果。严格规制知识产权滥用行为，保障新经济快速高效发展。加大行政执法力度，完善快速维权机制，引导创新主体多渠道、低成本、高效率保护自身知识产权合法权益。完善行政执法和司法保护两条途径优势互补、有机衔接的知识产权保护模式，不断提升全社会对知识产权保护的满意度。

（4）“特”

知识产权保护高地的建设，应当在体制机制的深化改革上具有特殊性和灵活性。通过高地建设，尝试改变现有知识产权分散管理体制机制不利于提高行政效能、增加企业和社会成本、制约执法保护水平的局面，扭转政府履行知识产权社会管理、市场监管和公共服务职责难以形成合力的体制机制，深化知识产权领域改革，加强知识产权严格保护。

（5）“活”

知识产权保护高地的建设，应当着眼于以保护、促进创新与运用。立足产业发展实际，面向企业提升竞争力的迫切需求，在工业、农业、服务业等若干重点领域，努力打造一批具有较强知识产权实力、占据全球产业分工格局高端、附加价值高、竞争力强和可持续发展的产业和龙头企业，确保知识产权成为产业发展和企业竞争力提升的核心要素和驱动力，全面建成有利于技术、科技成果等在企业、科研院校、知识产权服务机构等之间循环流动、持续创造商业价值的知识产权政策环境和制度网络。

4. 知识产权保护高地的类型

知识产权保护高地按照不同的维度，从学理上可以区分为如下的类型。

（1）国际国内维度

从区域辐射和带动的角度来看，知识产权保护高地可以分为立足国内的和面向国际的两类高地。立足国内的又可以细分为具有强大引领作用的全国知识产权保护高地和具有区域带动作用的区域知识产权保护高地。面向国际的知识产权保护高地又可以细分为亚洲知识产权保护高地、"一带一路"和全球知识产权保护高地。

（2）主体功能区划维度

中国区域经济已经形成了"四轮驱动"的新格局——西部大开发、振兴东北地区等老工业基地、促进中部地区崛起、鼓励东部地区率先发展的区域发展总体战略。按照全国主体功能区的规划，未来国土空间将形成如下战略格局："两横三纵"为主体的城市化战略格局、"七区二十三带"为主体的农业战略格局、"两屏三带"为主体的生态安全战略格局。知识产权保护高地将置身于城市化战略格局之中，构筑区域经济优势互补、主体功能定位清晰、国土空间高效利用的区域发展格局，形成四大经济区域中知识产权保护高地。

（3）比较优势维度

这一分类主要从知识产权保护高地具备的六大要素出发，对于其中某一个、某几个或者全部要素均远超其他区域的，称之为知识产权保护高地。

(三)知识产权高地建设国际借鉴与启示

从全球范围来看,知识产权保护高地的形成是一个历史的过程。随着全球创新网络的形成,具有全球影响力的知识产权保护高地逐渐由单极向多极化发展,多中心、多节点的保护高地格局逐步形成。进入21世纪以来,知识产权保护高地在空间布局上从传统的欧美强国向亚太地区扩展,并进一步从全球高地分化出了区域、全国高地,在知识产权制度、执法、特色产业优势维护等方面出台了一系列举措。

1.知识产权法律制度为知识产权保护高地建设提供制度基础

(1)完善知识产权相关法律法规政策

随着国际国内经济社会形势的不断发展,新对象、新挑战不断冲击原有的专利制度传统理论,因此未来必须进一步完善现有的知识产权法律制度,根据国际形势与我国的社会实际打造适合我国国情的完善的知识产权法律制度,适应知识产权新的国际格局,适当扩大保护对象,及时完善权利内容、积极参与国际谈判。在建设知识产权保护高地时,强化知识产权政策与国家宏观政策、国家重大经济利益、国家科技重大专项、重点产业发展等需求的衔接。探索完善商业模式专利保护制度和实用艺术品外观设计专利保护制度。加强互联网、电子商务、大数据等领域的知识产权保护规则研究,推动完善相关法律法规。

(2)提供临时性审查程序保障

对于商业模式的专利保护,未来可以考虑增加临时性的商业方法特殊复审程序,在一般司法途径之外提供一种相对低成本、短周期的、可消除存在质量问题的、涉及金融服务商业方法专利的方式,以便利用这一程序将专利纷争有效分流并快速解决,更好地维护权利人的权益并为自由竞争创造良好环境,提高效率和降低成本。

(3)推动相关国际组织在我国设立知识产权仲裁和调解分中心

2010 年,世界知识产权组织(World Intellectual Property

Organization，简称 WIPO）在新加坡成立了亚洲首个仲裁和调解中心，这是 WIPO 第一次在欧洲之外成立仲裁机构。

《国务院关于新形势下加快知识产权强国建设的若干意见》中指出，“推动相关国际组织在我国设立知识产权仲裁和调解分中心”。加强知识产权对外合作机制建设对于加快知识产权强国建设和知识产权保护高地建设具有重要意义。WIPO 已在新加坡设立知识产权仲裁和调解中心，因此新加坡的经验做法对于我国早日争取到设立分中心具有很好借鉴与启示作用。

2. 创新创业积极性为知识产权保护高地提供源泉动力

（1）调整知识产权政策援助方向

只有真正需要研发新技术用于解决生产中的技术问题的企业和科研院所才会有针对性地、方向明确地进行创新和专利申请，才能提高专利申请的质量。这也正是我国目前知识产权工作的重点，我国在建设知识产权高地时如果能向着真正致力于技术创新的中小企业、大学及公共研究机构给予政策援助，进一步细化相关措施，使地方专利资助政策更加合理，摒除通过申请专利钻政策空子的投机行为，则可以减少案件积压，节约国家人力物力，更有利于提高专利质量，拓展我国的创新道路。

（2）将知识产权与国际标准结合

由于专利与标准的联系日益密切，发达国家和跨国公司都在力求将专利变为标准以获取最大的经济利益。我国在建设知识产权保护高地时，应重视将知识产权与国际标准结合，推动企业按照国际标准研发技术，先把规则性的东西做成国际标准，然后把这种标准性的路径全部设定成专利进行注册以占领市场，进而通过控制国际化标准为他国产品的进入设置技术贸易壁垒。

（3）设立企业创新管理师制度

如何提高专利的质量仍然主要依靠发挥企业的力量，企业工作者的成绩也往往被领导简单以专利数量来评价，这样不利于专利质量的提升。为了提升企业的创新能力，在建设知识产权保护高地时有必要在国家人力资源层面，设立企业创新管理师制度，鼓励企业不只为了产出专利，还从前端开启创新思维，从而产出高水平的、有国际竞争力的专利。

(4)建立中小企业知识产权经营认证制度

近年来随着无形资产价值的提升，知识产权已经成为企业未来收入的核心，知识产权灵活运用于企业经营战略中的必要性日益凸显。另外，进口企业担心从海外购买的产品使自己公司的产品陷入知识产权纠纷，开始要求通商专利保证。跨国企业的专利攻势对象也从大企业扩散至中小型企业。因此，无论是大企业还是中小型企业，知识产权经营都已经成为重要环节。而实际情况是大多数中小型企业在这一方面实力不尽如人意。针对此情况，为了推动中小型企业积极自发地参与知识产权经营，将知识产权经营作为企业经营中的一环，我国有必要建立中小企业知识产权经营认证制度，以便让中小企业通过获得知识产权经营认证而自发地投入知识产权经营事业。获得认证的企业可享受加快审查、费用减免以及政府资助。可设立一定年限的有效期，过期后可再次进行认证。

3. 知识产权执法为知识产权保护高地建设提供支撑保障

(1)推进知识产权快速维权中心建设

知识产权快速维权中心建设应被视为知识产权保护高地建设的一环。应进一步完善授权、确权到行政保护与司法救济的全链条知识产权快速维权体系，将快速审查的专利类别由外观设计向实用新型和发明专利扩展。扩大知识产权快速维权覆盖面，推进快速维权领域由单一行业向多行业扩展，从而进一步发挥快速维权中心的业务辐射作用，为产业创新发展营造健康的知识产权保护环境。加强与海关和警方等执法机构的合作，有效打击国内的侵权行为，同时提升本国消费者对知识产权权利重要性的意识,组织反仿冒活动。

(2)完善对出口货物的知识产权保护

目前,国际贸易中大规模的知识产权侵权行为已经成为全球关注的焦点。我国无论是海关还是知识产权执法部门,对于专利侵权的行政保护都不足,特别是对于进口产品的行政专利保护不足。例如,我国的《知识产权海关保护条例》规定,对进口货物和出口货物都可以采取边境保护措施。但从海关执法实践上看,我国更注重出口的知识产权管理,而忽视了进口产品对我国知识产权可能造成的侵害。国内企业"走出去"要经过我国海关和相应机构的管理和检查以及国外海关和相应机构的管理与检查。但是国外企业进入中国没有任何相应的专利行政管理手段。而世界上大多数国家或地区的海关,如美、日、欧及中国香港地区一般都不对出口货物实施知识产权保护。我国应该借鉴美国"337 条款",在建设知识产权保护高地时,完善对进出口货物的知识产权保护,尤其是加强进口产品对我国知识产权可能造成侵害的保护。

4. 特色产业为知识产权保护高地建设提供平台渠道

(1)谋求国际规则制定过程中的话语权与主动权

印度药品占据向发展中国家出口的廉价药物一半以上的份额,其中大部分为仿制药品。经过包括印度在内的发展中国家的不断争取,2003 年,WTO 通过了《关于 TRIPs 协议和公共健康的多哈宣言第六段的执行决议》,允许发展中成员方和最不发达成员方在发生公共卫生紧急情况时(比如艾滋病、疟疾等),在未经专利人许可的情况下也可以实行"强制许可"制度,以生产必要的药物。2005 年,WTO 正式修改其知识产权规则,允许上述要求。这是在发展中成员方的要求下 WTO 修改知识产权规范的一个典型案例。

(2)提升对特色产业的知识产权保护地位

印度制药业充分利用本国专利法和国家药品政策,以及国际上相关的药品法规的不完善,抓住发展机遇,实现了从单纯仿制到仿研结合、自主研发的转变。印度的软件产业从 20 世纪 80 年代起步，经过 30 多年的发展，印度已成为仅次于美国的世界第二大软件出口国，拥有数十万软件专业人才，1 万多家软件企业。印度制药业、软件业的快速崛起带给我们诸多启示，值得研究与借鉴。此外，巴西对医药产业形成了独具特色的保护体系，构建了药物专利的“双审查”标准制度，而且在药物专利的强制许可方面立场较为强硬。通过比较发现，印度、巴西等国对本国特色产业的知识产权保护不遗余力，一方面，在与国际规则的接轨过程中，在遵守国际规则的同时尽量给予国内相关产业足够的发展空间，以壮大本国竞争力；另一方面，充分发挥专利强制许可的效力，在保障激励创新的同时，坚决维护本国人民利益。

(3)充分发挥专利强制许可的作用

印度的强制许可规定详细，具有可操作性，一般情形与特殊情形的结合，可以更灵活地处理强制许可的案件。一些细化的规定更是值得我国学习。如规定药品专利当然许可的补偿费按一个很低的比例从有关专利产品的出场价中收取，另外，政府使用药品专利方法或者进口专利产品供医院及类似单位使用、销售不构成侵权。

(4)加大对传统知识保护力度

印度是国际上较早保护传统知识的国家，也是保护传统知识较为成功的国家。为了保护其国内丰富的传统知识，2001 年经印度经济事务内阁委员会批准，开始开发建设“传统知识数字图书馆”(TKDL)项目，该项目由印度国家科学交流和信息资源研究院等部门共同开发、实施，首期工程已于 2003 年秋完成并投入使用，是世界上第一个传统知识数字图书馆。这是印度做的最有建设性的工作，成为发展中国家保护传统知识工作的样板，得到国际上广泛关注。

TKDL 的内容主要以地域性和民族传统知识最集中、民族传统知识流失最多的民族医药领域为试点，整合所有的阿育吠陀、尤那尼、悉达、瑜伽和自然疗法，将包括印度各基层社区的通过筛选和对照公共领域可得到的知识汇集、整理、录入,形成具有世界性检索功能的数字化文献。TKDL 可以了解现有的印度医学体系,但是不包含其所有体系,是一个动态的、不断更新的数据库。数据库将印度医学体系中的每一个项目以现有的文献及传统的知识形式公开,整理成与专利检索兼容的形式,使用 5 种国际语言(英、法、德、西、日)推广,使得被整合的传统医药知识可以在全球公开,便于现代检索和使用,以此为契机,建立对外交流沟通的平台,增加引进对传统医药的投资和建设项目,互惠互利;还有效地保护传统知识,维护传统知识传承人的合法权益,一定程度上防范了民族传统医药知识被无偿占用,抵御非法的专利申报。

TKDL 使散落的传统印度医药知识以可国际化检索的方式与现今的经济发展间建立了直观的联系,使印度在对抗全球经济一体化的某些不合理行为,尤其是跨国医药公司的霸权和垄断性掠夺时有了一件有效的抗衡工具。这种以图书情报机构为主建立的为区域民族(社区)的经济文化利益和社会经济的良好发展提供对比参照的文献体系,是世界经济一体化过程在图书情报界的一种体现,也是以国家民族利益为出发点,设立举国体制的传统文化知识保护的一项有效的直接措施。印度建立传统知识数字图书馆的方式已经引来许多发展中国家的效仿。[①②]

5. 知识产权保护新举措为知识产权保护高地建设拓展空间

为进一步加强国家知识产权建设,将新加坡打造成为亚洲知识产权枢纽、亚洲知识产权高地,新加坡政府于 2013 年公布了知识产权未来 10 年规划,并确定了 3 项战略目标,分别为打造知识产权交易和管理中心、建设优质知识产权申请中心和打造知识产权纠纷解决中心。

---

① 张澎、黄小川,《传统知识的现时化组构——从印度〈传统知识数字图书馆〉谈起》,《图书馆理论与实践》2008 年第 1 期。

② 张逸雯、宋歌,《印度传统知识图书馆(TKDL)编制技术分析及对中医药传统知识保护的启示》,《世界中医药》2014 年第 9 期。

另外，规划中还就这3项战略目标制定出2项助推措施，分别是培养拥有专业技能的人力资源和为知识产权活动营造有益环境。该规划围绕以上5项内容亦制定了若干关键战略以及14项具体执行措施。[①]

新加坡作为城市型国家，其知识产权保护基础与我国北上广等一线城市具有相似之处，因此我国可借鉴新加坡模式，在国内有条件的城市制定并实施知识产权保护高地建设实施方案。

（四）知识产权高地建设的必要性与可行性

1. 知识产权保护高地建设的必要性

（1）知识产权保护高地是实施更严格知识产权保护的重要载体

在新的国际国内形势下，党中央、国务院高度重视知识产权保护工作。《国民经济和社会发展第十三个五年规划纲要》中，对知识产权保护工作做出了“强化知识产权司法保护”“实施严格的知识产权保护制度”“加强知识产权保护和反垄断执法，深化执法国际合作”“强化涉外法律服务，建立知识产权跨境维权援助机制”等重要部署，为“十三五”时期的知识产权保护工作指明了重点和方向。

《国务院关于新形势下加快知识产权强国建设的若干意见》的总体要求中明确提出“实行更加严格的知识产权保护”“知识产权授权确权和执法保护体系进一步完善”，并提出“加大知识产权侵权行为惩治力度”“加大知识产权犯罪打击力度”“建立健全知识产权保护预警防范机制”“加强新业态新领域创新成果的知识产权保护”“规制知识产权滥用行为”等具体举措。

党中央、国务院出台的诸多政策都体现出一个共同的特点，那就是强化知识产权保护，即形成一个更高标准的知识产权保护体系，这个体系恰恰符合了前述对于知识产权保护高地的定义。因此，可以说知识

① 国家知识产权局专利局文献部，《国外知识产权资讯》，2013年第3期。

产权保护高地正是顺应和落实党中央和国务院在知识产权保护方面的相关部署,为实行更严格的知识产权保护应运而生的重要载体和实践形式。

(2)知识产权保护高地是破解诸多知识产权保护争议的有效途径

针对知识产权保护手段的问题,特别是行政保护和司法保护的关系问题,在不同的政府机构之间历来就存在认识上的差异。目前对于专利行政执法和司法保护的问题在现有的框架下难以在短时间内达成共识,甚至存在矛盾激化的可能。持续的争议也必将造成行政和司法资源的浪费,会继续对实践造成困扰。实践是检验真理的唯一标准,只有在知识产权保护环节通过合理的改革试验,才能验证最有效的知识产权保护手段,才能避免空谈与笔墨切磋,真正寻找到一条适合中国特色的行政执法与司法保护衔接模式。在这样的意义中,知识产权保护高地从其试点试验的属性出发,是试验处理不同保护手段之间相互关系的有效途径,是真正破解矛盾和争议最有效率的选择。

(3)知识产权保护高地是落实知识产权改革试验的关键抓手

在国家相关政策文件加强知识产权保护的要求下,在知识产权保护手段诸多争议的催生中,知识产权保护的调整和探索也未曾停止。但是在法治建设的大背景下,知识产权保护必须依法办案、依法行政,不能突破现有法律制度和上位法的规定,这就限制了我国知识产权保护模式的修正和探索。

以第四次《专利法》修改为例,国家知识产权局于 2011 年 11 月启动《专利法》特别修改工作,形成修订草案(送审稿)并于 2013 年 1 月上报国务院。此后,我国经济社会发展形势出现了新变化,党的十八届三中、四中全会对完善知识产权制度提出了更高要求。2014 年上半年,全国人大常委会开展了《专利法》执法检查工作,从多个方面对《专利法》修改提出了具体意见。为此,对 2013 年《专利法修订草案(送审稿)》进一步补充完善,2014 年下半年启动《专利法》第四次全面修改的研究准备工作。在《专利法》第四次全面修改的6年多时间内，社会各方和政府部门针对修改内容尚未达成共识，严重制约了实践活动。

因此，我们认为有必要在知识产权保护环节开展试点试验工作，以确定的经验指导立法工作，通过改革先行先试，为提高效率寻找更适合我国现实国情的知识产权保护模式提供有益的探索和经验。知识产权保护高地建设正是开展知识产权改革试验在保护环节的重要体现和关键抓手。

2. 知识产权保护高地建设的可行性

（1）中央支持知识产权改革试点为保护高地建设提供了政策基础

开展知识产权保护高地建设，需要突破现有法律制度的限制，拥有一定的自主权，这也就要求保护高地建设的试点工作需要类似深圳特区利用较大的市立法权加以试点和实践。在这种意义上，党中央、国务院对知识产权领域改革的重视，为知识产权保护环节的改革和保护高地建设提供了可能性与政策基础。

2019年11月，中共中央办公厅、国务院办公厅联合印发了《关于强化知识产权保护的意见》。这是第一个以中办、国办名义出台的知识产权保护工作纲领性文件，充分体现了党中央、国务院对知识产权保护工作的高度重视。该意见的出台，是对加强知识产权保护的重大部署，向国际社会宣示了中国政府严格保护知识产权的鲜明立场和坚定态度，为新时代全面加强知识产权保护提供了根本遵循和行动指南。

《国务院关于新形势下加快知识产权强国建设的若干意见》中明确提出"推进知识产权管理体制机制改革""研究完善知识产权管理体制""积极研究探索知识产权管理体制机制改革""授权地方开展知识产权改革试验""鼓励有条件的地方开展知识产权综合管理改革试点"。知识产权保护作为知识产权五个重要环节之一，实施知识产权保护的改革试验工作是推进知识产权管理体制机制改革的重要方面。

建设保护高地已经具备了基本的政策基础，同时，正如前文提到的,建设知识产权保护高地是落实国务院有关政策文件、中央全面深化改革领导小组在知识产权方面有关工作部署的必然选择。

(2)国内相关实践和探索为保护高地建设提供了现实保障

在有效调动地方积极性、因地制宜地开展知识产权保护工作的探索中,国家知识产权局现有的地方工作已经有所涉及。特别是在开展知识产权强省、强市、强县建设的过程中,已经有一批地方针对当地特色开展保护工作,提供了许多有益的经验和做法。

在国家知识产权局相关政策的指导下,各地方也都针对自身特色开展了保护环节的相关探索和工作。据不完全统计,2016年下半年以来,辽宁、浙江、山东、湖南、北京等省(市)级知识产权行政管理部门针对地方特色领域知识产权保护工作开展多次专项调研,强化知识产权保护;黑龙江、宁波、成都等地方知识产权管理部门入驻相关展会和博览会,加强展会知识产权保护;北京、山东、江苏、湖南、河北、辽宁、上海等地方知识产权管理部门组织开展知识产权保护实务研讨会和培训班,加强保护相关问题的交流研讨;浙江海宁、山东济南等地知识产权保护规范化市场培育工作成效显著。

这些体现了地方知识产权保护的探索和经验,更体现了各个地方知识产权行政管理部门开展知识产权保护工作探索和实践的积极性与主动性,是因地制宜开展知识产权保护高地的试点、试验工作的重要现实基础和准备。

(3)逐渐集聚的创新链和产业链为保护高地建设提供了产业基础

知识产权与生产经营和创新活动息息相关,近年来,在顺应国际国内新形势的要求下,在科技部门和产业部门的主导下,创新链和产业链都呈现了集聚化发展的趋势。创新资源和产业资源的集中,使得知识产权保护高地建设具备了必要的产业基础。

经过几十年的快速发展,我国制造业规模跃居世界第一位,建立起门类齐全、独立完整的制造体系,成为支撑我国经济社会发展的重要基石和促进世界经济发展的重要力量。持续的技术创新，大大提高了我国制造业的综合竞争力。载人航天、载人深潜、大型飞机、北斗卫星导航、超级计算机、高铁装备、百万千瓦级发电装备、万米深海石油钻探设备等一批重大技术装备取得突破，形成了若干具有国际竞争力的优势产业和骨干企业。

《中国制造2025》提出，“按照新型工业化的要求，改造提升现有制造业集聚区，推动产业集聚向产业集群转型升级。建设一批特色和优势突出、产业链协同高效、核心竞争力强、公共服务体系健全的新型工业化示范基地”。为落实相关要求，工业和信息化部发布了《关于进一步促进产业集群发展的指导意见》，提出了“加强规划引导”“强化专业化协作和配套能力”“推动要素聚集和价值提升”“提高产业集群信息化水平”“增强集群竞争优势”“提升公共服务能力”“优化产业集群发展环境”等任务和举措。

(4)不断提升的知识产权意识为保护高地建设提供了环境保障

近年来，随着依法治国的深入推进，普法宣传日益深入人心，全社会的法律意识得到了大幅度提高。反映在知识产权领域，就是保护知识产权的意识明显提升，“尊重知识、崇尚创新、诚信守法”的知识产权文化正在形成。随着“维权光荣、侵权可耻”的权利意识逐渐深入人心，强化知识产权保护必将逐步成为权利人、市场主体，乃至社会公众的普遍需求。这样的环境为强化知识产权保护、开展知识产权保护高地建设的试验工作，可谓是创造了不可或缺的环境保障，亦是回应社会呼声的必然选择。

(五)知识产权保护高地建设路径

1.建设目标与基本定位

(1)建设目标

知识产权保护高地建设是在知识产权强国建设背景下，落实《国务院关于新形势下加快知识产权强国建设的若干意见》有关“实施严格知识产权保护”重要部署的重要举措。无论是总体目标还是阶段目标都服务于创新驱动发展战略以及知识产权强国建设的需求。通过建设知识产权保护高地,探索严格知识产权保护和活化运用的有效措施,对其他地区形成示范效应,总结凝练并逐步推向全国,并最终形成“保护高地示范引领、辐射区域协同推进”的严格知识产权保护的局面。

知识产权保护高地的建设总目标是,按照党中央、国务院决策部署,加快实施创新驱动发展战略,深入实施知识产权战略,深化知识产权领域改革,破除制约知识产权支撑创新驱动发展的体制机制障碍,严格知识产权保护,充分发挥知识产权激励创新的基本保障作用,激发创新活力,在国内选择3~5个经济活跃度高、科技创新氛围好、产业知识产权密集、政府关注知识产权保护的地区,匹配知识产权特殊政策,按照“高保护起点、高实施效率、高资源配置”的原则,高标准建设知识产权保护高地。本着“以点带面,落一项、评一项、推一项”的原则,将保护高地验证有效的措施,总结凝练并逐步推向全国,形成全国严格知识产权保护的局面。

发挥改革先行优势,营造国际化、市场化、法治化营商环境,把知识产权保护高地建设成为知识产权改革试验田。率先建立符合国际化、市场化、法治化要求的知识产权保护体系,充分发挥知识产权保护高地的辐射带动作用,在全国实现严格知识产权保护的局面,使我国知识产权保护迈上新高度,更好地促进国家创新驱动发展战略的实施。

(2)基本定位

知识产权保护高地建设是知识产权改革的排头兵和先行军。在国家相关政策文件实行严格的知识产权保护的大背景下,知识产权保护手段、知识产权执法措施等诸多领域依然存在争议,由此伴随着的知识产权保护的调整和探索也未曾停止。但是由于在法治建设的大背景下,知识产权保护必须依法办案、依法行政,不能突破现有法律制度和上位法的规定，这就限制了我国知识产权保护模式的修正和探索。各种争议严重制约着我国知识产权保护的实践活动。因此有必要在一定区域开展试点试验工作，通过改革先行先试，寻找更适合我国现实国情的知识产权保护模式，提供有益的探索和经验。知识产权保护高地正是顺应当前形势和需求而产生的知识产权改革先行先试的试验区。

知识产权保护高地建设应遵循模块化发展，分类指导。知识产权保护高地是落实知识产权改革试验的关键抓手，知识产权保护高地建设应当遵循模块化发展、分类指导的原则。“模块化”的概念是一种新兴的概念，源于实际的生产过程中。目前“模块化”的思想已经深入生产、管理、研究等诸多领域。按照日本产业经济学者青木昌彦的观点，最早有关模块化的论述可以上溯到亚当·斯密，模块化最原始的形式就是分工。“模块化”的思想应用到知识产权保护高地的建设之中，即选择几种类型和保护功能不同类的知识产权保护高地，不同类型的高地共同组成了我国知识产权强国建设需要的不同知识产权改革实验类型。这些不同模块的高地主要侧重的改革方向和重点不尽相同，因此需要针对不同模式的改革试验区进行分类指导。

知识产权保护高地建设应在法治框架下大胆尝试，风险可控。建立知识产权保护高地是形势所需，也是我国知识产权强国建设的内在需求，为探索知识产权体制机制改革和实现全国严格知识产权保护格局积累经验，具有重要意义。改革就必然存在一定的突破，但所有的改革都应该是在法治的框架下进行，法治为先，合法改革，知识产权保护的改革也要在法治框架下进行。

知识产权保护高地建设是知识产权改革先行先试的试验区，这就要求知识产权高地的建设围绕面向世界、服务全国的战略要求，解放思想、大胆创新、勇于探索和积极实践，及时总结改革的实施效果和经验。但任何改革都存在一定的风险。知识产权高地的建设还应当按照先行先试、风险可控、分步推进、逐步完善的方式，把改革与稳步发展相结合,在风险可控的范围内进行改革。因此,在知识产权保护高地需要建立与改革相适应的评估、监管和风险防范机制,将风险控制在一定的范围之内。需制定知识产权保护评议政策,围绕重大知识产权改革开展知识产权评议,定期发布知识产权评议报告,有效防控各类风险。

2. 功能模块与试点试验

(1)区域选择

知识产权保护高地在知识产权建设和知识产权保护工作中应发挥试验区、先行区和示范区的战略性作用。作为一种特殊的地理区域,知识产权保护高地应选择科教文化资源集中、创新企业集聚、市场交易活跃的中心城市作为对象。这些中心是知识产权保护的试验区,对一些新的知识产权法律制度等在国家授权的前提下进行地方性立法试验和一些实施经验探索。

(2)功能划分

根据各地的现实基础和需求不同,选择不同类型的知识产权保护高地建设模式。学理上,知识产权保护高地主要划分依据有国际国内维度、主体功能区维度、比较优势维度,不同的划分维度对应着不同的知识产权保护高地类型。在实践中,一个保护高地的功能往往并不是单一的,而是集合多种功能,但又各有侧重。

结合知识产权强国建设的需要,以及保护高地建设的类型,本书认为,从全国来看,我国知识产权保护高地划分为“1+3”四大功能模块。“1”是国内综合模块,“3”分别是国际引领模块、制度创新模块、区位布局模块(见表1)。

表1　我国知识产权高地类型

模块	类型	内容	特点
1	国内综合模块	综合借鉴世界各国的经验，以本土探索为重点，以面向国内的产业和市场为主要诉求的知识产权保护高地	国内综合型，全方位的示范引领
3	国际引领模块	以吸取借鉴欧美发达国家的建设经验为切入点，打造面向国际市场的知识产权保护高地	国际引领型，全面提升知识产权保护国际影响力
	制度创新模块	以国内经济特区、自贸区等为依托，开展知识产权法律制度上的创新突破，先行先试，风险可控，打造国内示范的知识产权保护高地	改革试点型，以点为基带动国内知识产权法律制度的完善
	区位布局模块	以配合国家重大规划的推进为出发点，重点面向“一带一路”倡议、东北老工业基地振兴等为主要诉求的知识产权保护高地	区位发展型，充分发挥知识产权保护的效力，支撑经济发展转型升级

上述“1＋3”功能模块虽各有侧重，但相辅相成，“国内综合模块”打造全方位引领示范全国的知识产权保护高地。“国际引领模块”“制度创新模块”“区位布局模块”分别从国际借鉴、法律制度突破和国家战略支撑保障的角度打造知识产权保护高地。这样四大功能模块既保障了知识产权保护水平的全面提升，又结合我国国情做到了重点突破。

此外，知识产权保护高地建设从国际国内、多主体、高标准的角度提高知识产权保护水平，推动地域内的政府知识产权授权确权和执法保护管理体系基本完善，企业、科研机构、高校和个人的知识产权创设和运用能力显著提高，社会的知识产权服务平台和能力建设大幅提升，基本实现知识产权治理体系和治理能力的国际同轨发展，从而使地域内的创新创业环境进一步优化，产业参与国际竞争的知识产权资源劣势有较大扭转，少数优秀企业在国际竞争中形成一定的知识产权资源竞争优势，为更高层面的知识产权强国战略和创新型国家战略的实现提供坚实基础。

(3)试点试验

①国际引领模块

积极主动参与国际知识产权体系建设,建立发展中国家的利益平衡机制。积极参与知识产权国际贸易规则的谈判。组建“一带一路”知识产权合作组织,积极推动区域全面经济伙伴关系,亚太经济合作组织框架下,以及“金砖国家”之间的知识产权合作,探索建立“一带一路”沿线国家和地区知识产权合作机制,搭建“一带一路”知识产权信息共享平台。

加强知识产权对外合作机制建设。推动相关国际组织在我国设立知识产权仲裁和调解分中心,建设有国际影响力的知识产权仲裁中心。加强“智南针网”等海外知识产权信息平台建设,构建海外知识产权服务网络,发布海外知识产权服务机构名录和案例库,发布海外知识产权环境报告。

探索建立中国知识产权国际交流与培训中心,打造有全球影响力的知识产权制度与发展论坛,对外展示我国近年在知识产权保护领域所取得的成就。积极推进与国外知识产权机构和组织的业务交流与合作,开展知识产权国际学术交流活动,在知识产权价值分析与评估、信息利用、人员培训、文化传播等方面加强合作。探索举办知识产权产品与服务博览会,展示我国自主知识产权保护的成果与产品。

②制度创新模块

适度扩展知识产权保护客体。针对“互联网+”“大数据”等知识产权保护新需求,加大对新兴业态、新兴商业模式的保护,适当扩展保护客体,对新型知识产权客体要有紧密的跟踪了解和调查研究,并从全球性、前瞻性布局的角度出发,在保护范围上适度扩展,在宽口径保护的基础上再适度调整保护水平,在保证我国知识产权保护体系完备灵活的同时提高对海外权利人的吸引力,保护水平应当既保证权利人得到合理回报,又确保相关知识有利于我国经济社会发展。

合理延长知识产权保护期限。当前我国的外观设计专利权期限仅有10年，相比于其他国家或地区（包括发展中国家）保护期偏短。同时，随着企业“走出去”战略的实施，我国企业在境外获得外观设计保护的需求明显增加。为满足创新主体的需求，适应企业“走出去”的需要，我国应当加强外观设计专利权保护，合理延长外观设计专利权的保护期限。从长远考虑，外观设计期限的延长不仅是我国加入《海牙协定》[①]的需要，也是适应我国工业品外观设计创新能力显著提升的需要。

加大知识产权犯罪打击力度。落实第四次《专利法》修订所引入的惩罚性赔偿的法律理念，以知识产权保护高地为先行试点，建立惩罚性赔偿制度并设立侵权赔偿上限，提高侵权赔偿金额，通过出台指导性判例确定赔偿倍数原则。提高诉讼效率，在司法过程中切实落实惩罚性赔偿对侵权行为的惩戒作用。将恶意侵权行为情况作为企业信用评价标准，与企业信贷、上市等审批挂钩。

建立健全商业秘密保护法律体系。以知识产权保护高地为先行试点，研究制定商业秘密保护法律制度，明确商业秘密和侵权行为界定，研究制定相应保护措施，探索建立诉前保护制度。研究商业模式等新形态创新成果的知识产权保护办法。明确商业秘密的概念、构成要件和保护范围，修改赔偿标准和设立惩罚性赔偿金制度，完善商业秘密侵权救济制度，规定禁令救济制度，增加竞业禁止的规定，对雇员侵害本企业商业秘密应负的法律责任做出明确的规定，增加对向政府主管部门提供的商业秘密保护的规定，完善对网络环境中商业秘密保护的立法，同时要处理好《商业秘密保护法》与相关法律的关系，建立健全完善商业秘密保护法律体系。

完善地理标志保护法律制度。目前我国在地理标志保护立法上存在若干内容、保护范围和效力相互冲突的法律法规，为此有必要构架一

---

① 《工业品外观设计国际注册海牙协定》（1999年文本）（简称《海牙协定》）要求缔约方至少给予外观设计15年的期限。

个完善的符合我国国情的地理标志保护的法律制度。在知识产权保护高地针对地理标志产品聚集区，围绕当地特色产业布局和发展规划，有重点、分行业、分类别地推动地理标志产品保护示范区建设。加强地理标志保护执法，严厉打击地理标志假冒侵权行为，保护生产商和消费者利益。推动海外市场地理标志产品注册和保护，推动地理标志产品更好地“走出去”。增强地理标志产品的进出口保护监管与实效，推动地理标志产品进出口贸易健康发展。

加强传统知识、遗传资源和民间文艺的知识产权保护。以知识产权保护高地为先行试点，研究制定中国传统知识、遗传资源和民间文艺调查及统计指标体系，建立民族医药知识保护名录，完善民族医药进出口商品的海关编码制度。完善相关部门之间的传统知识保护的协调配合机制。设立传统知识的保护和发展基金，明确民间文艺的保护范围，建立对民间文艺作品的使用的许可和收费制度。加大对民间文艺的资金投入，重点抢救和保护民族、民间文化。建立遗传资源的知情同意、惠益分享和信息披露制度。建设资料数据库，加强对遗传资源开发与创新的知识产权保护，维护我国对遗传资源的主权权利。

建立符合我国国情的类“337 调查”体系。在知识产权保护高地研究开展服务贸易中知识产权风险的监控与监管。加入“TRIPs-Plus”以及高水平知识产权保护的区域与多边贸易协定协商，按照我国知识产权发展态势和贸易水平，建立符合我国国情的知识产权贸易侵权调查(类似“337 调查”)制度。

取消知识产权海关保护出口检查制度。TRIPs 协议规定对出口货物可以进行知识产权检查，而对进口货物进行知识产权检查是 TRIPs 规定的最低标准。我国是发展中国家，科技整体水平较弱，在知识产权国际保护中处于不利地位，因此在知识产权保护高地只需达到 TRIPs 协议规定的最低标准，做到既遵循该标准，又最大限度地保护企业、国际利益。为此，我国应将主要精力限定在进口审查上，出口检查可以取消，这样既符合我国经济发展水平，又符合 TRIPs 协议规定的最低标准。

③区位布局模块

针对地方特色产业布局一批技术创新中心，加强地区特色产业知识产权保护，推动地区特色产业发展。

开展“一带一路”、京津冀协同发展、长江经济带建设等国家规划的重要功能区知识产权资源分布格局的调查统计。结合相关国家规划和地区功能定位对区域知识产权产业分布格局开展全面调查统计，形成调整优化重大生产力布局方案和产业转移指导目录。

推进区域产业转移承接示范区的建设。按照新型工业化的要求，以知识产权分布格局为基础，建设国家产业转移信息服务平台，改造提升现有制造业集聚区，推动产业集聚向产业集群转型升级，创建一批承接产业转移示范园区。

④国内综合模块

实施版权、商标和专利管理体制一体化改革，建立统一的知识产权行政管理部门，完善知识产权管理体系。集合知识产权管理职能，整合行政资源，将版权、商标和专利等主要知识产权管理职能归到一个独立、统一的行政管理机构中去，形成职能集中、权责明确的知识产权行政管理体制，从根本上改变当前职能分散、多头管理、权责交叉的现状，更好地与经济、贸易、科技等工作融合衔接。

加强知识产权行政执法与刑事司法衔接，加大涉嫌犯罪案件移交工作力度。依法加强对侵犯知识产权刑事案件的审判工作，加大罚金刑适用力度，消除侵权人再犯罪能力和条件。加强知识产权民事和行政审判工作，营造良好的创新环境。按照关于设立知识产权法院的方案，为知识产权法院的组建与运行提供人财物等方面的保障和支持。

创新知识产权行政管理模式。利用互联网手段，通过线上监管、线下处理相结合的方式提高案件受理和处理效率；探索互联网和电商平台行政执法新模式，加强知识产权行政执法部门与互联网企业、电商平台企业的合作，探索电商平台知识产权侵权担保制度和知识产权保护清单制度的可行性。

探索建立知识产权保护生态系统。一是培育知识产权服务新业态。引导国内知识产权服务业积极探索"互联网＋"商业环境中知识产权服务的新模式，建立集专利协同运营、技术转移、知识产权服务和投融资于一体的新业态发展。完善知识产权投融资体系建设，鼓励知识产权服务机构开展投融资业务。二是建设知识产权服务集聚区。依托高新技术产业开发区、经济技术开发区、知识产权试点示范园区等领域，积极发展知识产权服务业集聚发展试验区，构建全产业链的知识产权服务体系，改善基础设施和政策环境，引导产业集聚。支持以试验区为依托，探索建立基于产业的知识产权服务业联盟，制定行业服务标准规范，提升行业发展水平。

3. 配套政策

知识产权保护高地作为知识产权改革的试验田，必然需要推陈出新，匹配相关配套政策，为严格的知识产权保护和知识产权生态提供支撑。相关配套政策包括知识产权服务政策、财税政策、金融政策、监管政策、人才政策等。

(1)知识产权服务政策

吸纳海内外优秀知识产权人才和服务机构入驻知识产权保护高地，从人才签证、所得税费减免、启动资金、办公场地、执业资格等方面给予支持。

(2)知识产权财税政策

设立财政专项资金，在保护高地提供包括项目补贴、融资贴息、并购母基金、国际交流活动、创业支持、核心知识产权资助、专利运营母基金等资金支持方式，引导市场主体提高知识产权保护意识，提升知识产权保护能力。

(3)知识产权金融资产政策

对于与知识产权交易有关的外汇、结算等,建立绿色通道。提供金融牌照,鼓励外资知识产权银行在高地开展业务。根据需要出台特殊政策,支持知识产权投贷联动、质押融资、融资担保、保险、证券化、许可期权等。

(4)知识产权监管政策

实施名单管理制度。对于知识产权进出口交易,除列入监管目录的技术类别外,简化审查程序,实施备案制。建立知识产权诚信白名单制度,对于列入诚信白名单的企业,其知识产权维权、通关、许可备案等进入快速通道。简化知识产权资产重组并购审批程序。

(5)知识产权人才政策

制定知识产权人才培训计划,逐步培养并形成由专业基础人才、骨干人才、高层次人才和高层次引领人才组成的科学完备、结构合理、相互衔接的知识产权保护人才体系。创新知识产权人才培养模式,运用“云计算”“移动网络”等先进技术,搭建知识产权保护培训平台,实现远程异地培训、交流和考核,从而降低培训成本,提高培训效率。加大对高端人才的引进和高层次知识产权保护人才的培养,建立知识产权保护高端人才实践基地,促进人才成长。积极营造人才队伍培养的良好环境,加大知识产权保护国际化人才的培养力度。建设知识产权保护人才智库,邀请国内外知识产权领域的知名专家加入智库,为各项重大决策提供支撑。

第二篇　知识产权制度

建设知识产权强国，应当加强顶层谋划、立足当前、面向未来，围绕我国加快实施创新驱动发展战略、建设知识产权强国的重大战略任务，结合制约强国建设的问题，制定符合我国国情、指引发展方向的知识产权重大政策。

实施知识产权重大项目和重大工程，释放知识产权制度对于创新创业的激励与保障能量；以市场化手段更加高效地配置创新资源、更加高效地鼓励知识产权转移转化；积极参与国际合作，提高我国的知识产权国际影响力；提供基础保障，积极营造良好的知识产权环境，促进经济社会发展的作用明显提高，为全面增强自主创新能力和提高国家核心竞争力提供支撑。

一、知识产权强国建设的重大政策

建设知识产权强国，应当加强顶层谋划、立足当前、面向未来，围绕我国加快实施创新驱动发展战略、建设知识产权强国的重大战略任务，结合制约强国建设的问题，制定符合我国国情、指引发展方向的知识产权重大政策。

从现阶段来看，我国知识产权环境还不够优化，具体表现为体制机制制约了创新活力，知识产权文化氛围和知识产权人才队伍尚未形成；知识产权能力和绩效虽然整体表现较好，但是在能力方面，创新创业主体创造与运用能力和知识产权保护能力还有提升的空间，在绩效方面，对内知识产权促进经济发展的作用有待进一步加强，对外知识产权国际影响力也应进一步扩大。重大政策应当针对这些重大问题进行部署，即促进知识产权创新、提升知识产权价值、发展知识产权服务业、拓展知识产权国际合作、加强知识产权支撑。

(一)促进知识产权创新

1. 制定激发全社会创新创业活力的政策

一是出台知识产权支持发展“众创空间”的政策。总结推广创客空间、创业咖啡、创新工场等新型孵化模式,充分利用国家知识产权示范区、国家高新技术产业开发区、科技企业孵化器、小企业创业基地、大学科技园和高校、科研院所的有利条件,发挥知识产权优势企业、创业投资机构、社会组织等社会力量的主力军作用,构建一批低成本、便利化、全要素、开放式的众创空间。

二是出台为大学生创业提供知识产权支持的相关政策。鼓励高校开发开设知识产权课程、创新创业教育课程,建立健全大学生创业指导服务专门机构,加强大学生创业培训,整合发展国家和省级高校毕业生就业创业基金,为大学生创业提供知识产权支持,以创业带动就业。

2. 制定鼓励创建自主品牌的政策

鼓励具有自主知识产权的知识创新、技术创新和模式创新,积极创建知名品牌,增强独特文化特质,以品牌引领消费,带动生产制造,推动形成具有中国特色的品牌价值评价体系。

3. 鼓励支持中小科技型企业创造申请专利

在发达国家,大企业是专利申请的重要主体,但中小企业是未来产业特别是新兴产业发展的希望。美国、德国、日本和韩国都在专利申请环节中对中小企业进行不同程度的扶持,如减免专利规费等。目前,除国家层面外,我国并没有扶持中小企业申请和维持专利的优惠政策,存在较大的地区差异。总体来看,经济发达地区扶持力度大、覆盖面广,经济落后地区扶持力度很弱,这会造成更大的地区经济发展不平衡。国家知识产权局应出台专利申请和维持资助的指导意见,引导各个地区更多地资助战略性新兴产业、中小企业申请和维持专利;在国家层面制定完善减免中小企业专利规费的政策，特别是要向经济落后地区的中小企业倾斜。

4. 推进重点地区和产业的知识产权专项规划和政策部署

针对我国高技术产业政策制定过程中与知识产权管理部门对接不足、高技术产业政策与知识产权政策结合不够等问题，在制定有关产业发展的重大战略、规划和政策过程中，要进一步加强高技术产业主管部门、企业与知识产权管理部门各项工作的衔接配套。知识产权管理部门应根据国家确定的重点战略领域，及时修订有关知识产权申请授权、管理和侵权保护方面的法规政策。借鉴美欧日韩扶持重点高技术产业知识产权发展的经验，围绕近中远期重点和优先发展领域，加快制定若干知识产权规划、部署和专项政策。在全国筛选一批知识产权密集区试点，开展知识产权成果产业化工作，在知识产权重点布局地区试点探索实行对标国际最高标准的知识产权保护与管理制度。

5. 知名品牌培育

根据世界品牌实验室发布的“世界品牌500强”排名，我国品牌发展水平和世界影响力在持续提升，主要表现为2007—2014年我国进入世界500强的品牌数量稳步增加，到2014年我国具有世界影响力的品牌增长到29个。然而，相对于我国14亿人口规模和世界第二经济体的经济总量，我国国际知名品牌非常稀少，应积极贯彻落实国家知识产权战略、新《商标法》等相关政策法律，普及、培养和鼓励品牌意识形成，促使品牌意识深入人心，为知名品牌培育营造政策环境，促进我国企业在国际上的排名进一步提升。因此，建设知识产权强国，应当增强品牌意识，做好品牌定位，整合品牌资源，维护品牌声誉。重点鼓励企业做好品牌战略谋划，争创中国驰名商标，提升产品质量和企业形象，引导和扶持拥有中国驰名商标、著名品牌和产品地理标志的企业做大做强。完善产品地理标志保护制度，支持建立地理标志产品示范基地，加快地方特色资源和产品的开发利用,规范产品市场流通秩序,促进企业和产品品牌培育。推进知名品牌国际化,鼓励和资助企业在国外注册商标,提高产品附加值和市场竞争力。

6. 激发文化领域知识产权创造活力

将知识产权数量和质量作为政府资助项目的重要参考指标,引导和扶持文化企事业单位创造文化精品、核心专利和知名商标;开展优秀版权作品评选工作,鼓励音乐、舞蹈、戏剧、曲艺、杂技、创意设计、动漫、游戏作品的创作;设立文化科技发展专项资金,扶持文化领域前沿技术、关键技术的研究攻关,解决一批具有前瞻性、全局性和引领性的重大科技问题,支持文化科技融合发展;建立并不断完善文化品牌评估体系,定期认定和发布文化企业品牌、文化产品品牌、文化地域品牌和文化人才品牌排行榜,引导文化企事业单位提升品牌塑造能力,培育具有国际竞争力的知名文化品牌;加大对博物馆、图书馆、美术馆、档案馆和文化馆藏品衍生产品的开发力度,注重对衍生品知名商标的培育,提升衍生品的知识产权市场价值。

7. 促进植物新品种的创造与品牌建设

(1)加强植物新品种创制

加快植物新品种培育,围绕生物育种前沿技术,培育一批高抗、优质、速生新品种,重点布局发展优势特色农林。鼓励育种单位和个人积极培育开发植物新品种,支持建立具有自主植物新品种权的生产示范基地。加快建设植物新品种保护测试机构和保藏机构,组织开展测试技术与方法研究,制定测试指南,提高审查测试能力。完善植物新品种权益分享制度,使品种权人、品种生产经营单位和品种使用人共同受益。探索建立公益性植物新品种政府补贴制度。

(2)促进农林业知识产权创造

建立以企业为主体、市场为导向、产学研紧密结合的农林技术协同创新体系，强化基础性、前沿性技术和共性技术研究平台建设，使企业真正成为技术创新、专利转化应用、投入和受益的主体，全面提升企业自主创新能力。充分发挥科研教学单位在农林知识产权创造中的重要带动作用，支持和鼓励农林业企业、高校和科研院所构建多种形式的知识产权战略联盟，协同攻关，形成农林业核心技术专利群和重点领域专利池。加大农林业专利技术储备，大幅度提高发明专利比重，提升专利质量和效益，重点支持农林业生物技术、育种技术、生物能源技术相关的专利创造与运用，充分发挥农林业在解决国家粮油安全和能源安全方面的重要作用。加快农林业专利转化运用，组织实施重大专利技术产业化项目，建立农林业专利产业化示范基地。以农林业骨干企业专利转化运用为突破口，带动中小企业积极参与，形成专利产业化集群。推动农林业行业具有核心专利技术的农林产品纳入政府优先采购计划，鼓励将专利转化为标准，推广专利标准化应用。

(3)培育一批优势种业企业

加强农林业企业的知识产权意识，在企业内部实施知识产权战略，尽快形成具有综合竞争力的企业集团。增强农林企业科技创新能力，引导国内研发资源在粮食作物、林木栽培等关键领域强化原始创新，在园艺等高效农林业领域提高创新层次，不断形成具有世界先进水平的自主知识产权品种，积极实施企业“走出去”战略，提升国际竞争力。

(二)提升知识产权价值

1. 大幅提高知识产权运用能力

(1)专利导航产业技术发展

以支撑和服务产业发展规划制定，以及国家财政资金支持的产业化项目、重大工程和示范工程实施为目标，建立健全国家知识产权局与产业规划、计划管理部门工作协同机制，共同制定和发布针对特定领域的产业技术专利创造指南，引导全社会专利布局方向，服务规划计划决策。针对国家战略性新兴产业7大领域、24个方向，共同研究和发布24个产业技术专利创造指南，引导产业技术发展方向和专利布局，服务支撑“战略性新兴产业发展专项”实施。

(2)引导企业专利发展战略

总体来看，专利始终集中在少数大企业手中，企业的专利质量、发展水平和国际化程度，往往就代表着产业技术发展水平和产业国际竞争力。举例来说，2012年全国887家国家认定的企业技术中心拥有有效发明专利92070件，而排名前50位的企业就拥有70572件，占全部企业的76.6%。PCT专利更是集中在极少数企业手中。要落实创新驱动发展战略和实施好知识产权战略，这些行业龙头企业是关键。在我国产业发展的特殊时期，有必要引导行业龙头企业制定专利发展战略，健全知识产权管理体系，发挥它们在产业转型升级中的示范和带动作用。该工程的任务主要包括三方面：一是引导龙头企业制定并实施知识产权战略，带动重要产业专利发展由防守型变为进攻型；二是引导它们向行业内的上下游企业许可基础性专利，带动产业技术水平整体提升；三是支持它们向海外布局和申请专利，带动我国企业技术和标准“走出去”。

(3)推动技术转移机构认证

目前，我国技术转移机构名目繁多，各部门支撑体系运作的效果参差不齐。与此同时，我国还有技术转让免征营业税；技术转让所得不超过500万元的部分免征企业所得税，超过500万元的部分减半征收企业所得税等优惠政策；对符合条件的孵化器免征房产税和城镇土地使用税等一系列税收优惠政策。应该说我国技术转移机构的发展政策环境很好，没有发挥出应有的作用，还有一些深层次的原因。一是技术转移机构的建设认定十分混乱，多个部门都在建设各种各样的技术转移机构，没有形成部门合力；二是国家没有赋予技术转移机构相应的法律地位和具体职权，致使各机构发展更多地依赖所在单位的支持。鉴于此，建议国家各个部门加强合作，像日本政府一样认定一批技术转移机构，并切实赋予其专利申请、维护和转移转化的职权。

(4)建立国家技术转移报告制度

目前，我国高等院校和科研院所每年产生了大量的科技成果，真正转移转化的成果比例较低。由于高等院校和科研院所的大部分研究经费来自国家财政，虽然法律规定科研项目产生的成果归承担单位所有，但没有改变成果的公共属性。公共财政服务于社会发展是转变政府职能的一个重要方向，国家应该推动高等院校和科研院所的成果向社会转移转化。建议国家层面建立国家技术转移报告制度，对于财政资助、非涉密科研项目完成后，要求承担单位在项目完成后的五年内，向社会公开专利许可情况；对于五年内未实施许可的专利，允许中小企业提出许可申请，获得免费许可权。这其中，向全社会公开信息是关键。

2. 通过市场培育政策大力促进知识产权成果产业化

知识产权成果产业化是知识产权价值的最重要体现，其过程不确定性较大，对政府采购、应用示范工程、标准质量体系建设等政策依赖性较高，具有高风险、高回报、周期长等特点。

(1)加大对知识产权产品的支持力度

充分利用政府采购的引领示范作用，启动知识产权成果的潜在市场，消除新产品进入市场初期认知度不高、消费群不稳定等不利影响，引导中央及地方各级政府采购目录制订、招投标等工作向具有知识产权的产品倾斜。实施知识产权成果应用示范工程，选择一批处于产业化初期、经济社会效益明显、发展潜力大、短期内市场机制难以有效发挥作用的知识产权成果及其产品，组织实施信息惠民、绿色环保、生命健康、智能制造、材料换代等重大应用示范工程，引导消费模式转变。支持知识产权成果推向市场中的商业模式创新。借鉴合同能源管理、生物研发外包等新型商业模式的成功经验，加强知识产权成果在抵押贷款、信用担保等资金筹措方面的作用，引导银行、民间资本以及第三方信用评估机构共同促进知识产权成果产业化。营造有利于知识产权成果产业化的标准、准入等市场制度环境，加快建立有利于知识产权成果产业化的行业标准和重要产品技术标准体系，优化市场准入的审批管理程序。

（2）促进高校和科研机构的知识产权产业化

鼓励研究型大学、国家科研机构的知识产权产业化通过转让、许可等方式实现。以知识产权成果向有限责任公司或非公司制企业出资入股的，知识产权成果的作价金额可达到公司或企业注册资本的70%，另有约定的除外。对于国家财政经费支持的大学、科研院所的知识产权成果，授权后1年内未实施转移的，知识产权成果完成人和参加人在不变更职务、知识产权成果的前提下，可以根据与本单位的协议进行该项知识产权成果的产业化，并享有协议约定的权益。授权后3年内未实施转移的，企业有权要求强制许可。

（3）依法保障知识产权成果完成人的权益

科研机构、高等学校转移职务知识产权成果，应依法对研究开发此项成果的职务知识产权成果完成人和为成果转化做出贡献的其他人员给予奖励。其中，以知识产权转让方式将职务知识产权成果提供给他人实施的，应当从知识产权转让取得的净收入中提取不低于20%的比例用于一次性奖励；采用股份形式实施转化的，应以不低于知识产权入股时作价金额的50%给予奖励，该持股人依据其所持股份分享收益。在知识产权创造和成果转让中做出主要贡献的人员，所得奖励份额应不低于奖励总额的50%。

（4）大力支持产学研合作研究和战略联盟

加大国家财政对于知识转移和技术流动的支持，设立产学研合作计划，充分发挥大型企业和其他企业在自主知识产权成果产业化方面的骨干作用，加强对以龙头企业为主体承担国家重点工程中的产学研合作研究项目的支持。鼓励大学、科研院所与企业共建工程中心、博士后流动站。积极支持以大企业和企业集团为龙头，高等院校与科研院所参与的知识产权研究与产业化战略联盟，鼓励企业拥有知识产权和知名品牌，形成知识产权创造、产业化应用的良性循环，大力提高企业知识产权成果产业化水平，增强企业知识产权的创造、应用、管理和保护能力。

3. 支撑产业国际化发展

（1）加强重点产业知识产权海外布局规划

加大创新成果标准化和专利化工作力度，推动形成标准研制与专利布局有效衔接机制。研究制定标准必要专利布局指南。编制发布相关国家和地区专利申请实务指引。围绕战略性新兴产业等重点领域，建立专利导航产业发展工作机制，实施产业规划类和企业运营类专利导航项目，绘制服务我国产业发展的相关国家和地区专利导航图，推动我国产业深度融入全球产业链、价值链和创新链。

（2）拓展海外知识产权布局渠道

推动企业、科研机构、高等院校等联合开展海外专利布局工作。鼓励企业建立专利收储基金。加强企业知识产权布局指导，在产业园区和重点企业探索设立知识产权布局设计中心。分类制定知识产权跨国许可与转让指南，编制发布知识产权许可合同范本。

（3）完善海外知识产权管理与服务等标准体系

建立健全知识产权管理与服务等标准体系。支持行业协会、专业机构跟踪发布重点产业知识产权信息和竞争动态。制定完善与知识产权相关的贸易调查，形成风险防控国别指南。完善海外知识产权信息服务平台，发布相关国家和地区知识产权制度环境等信息。建立完善企业海外知识产权问题及案件信息提交机制，加强对重大知识产权案件的跟踪研究，及时发布风险提示。

（4）提升海外知识产权风险防控能力

研究完善技术进出口管理相关制度，优化简化技术进出口审批流程。完善财政资助科技计划项目形成的知识产权对外转让和独占许可管理制度。制定并推行知识产权尽职调查规范。支持法律服务机构为企业提供全方位、高品质知识产权法律服务。探索以公证方式保管知识产权证据、证明材料。推动企业建立知识产权分析评议机制,重点针对人才引进、国际参展、产品和技术进出口等活动开展知识产权风险评估,提高企业应对知识产权国际纠纷能力。

(5)加强海外知识产权维权援助

制定实施应对海外产业重大知识产权纠纷的政策。研究我国驻国际组织、主要国家和地区外交机构中涉知识产权事务的人力配备。发布海外和涉外知识产权服务和维权援助机构名录,推动形成海外知识产权服务网络。

(6)提升品牌和标准国际影响力

支持企业、研究机构、行业协会和标准化组织等积极参与国际标准制定,推动有知识产权的创新技术转化成标准。鼓励企业在国际贸易中使用自主品牌,提高自主商标产品出口比例。支持企业建立品牌管理体系,鼓励企业收购海外知名品牌。保护和传承"中华老字号",大力推动中医药、中华传统餐饮、工艺美术等企业"走出去"。

(7)推动知识产权服务国际化发展

鼓励国际知名知识产权服务机构在我国设立分支机构或开展合作。推动知识产权服务机构提升国际化水平,通过海外并购、联合经营、业务合作、设立分支机构等方式开拓国际市场。鼓励企业、研究机构等在国外独资或合资成立知识产权运营公司。鼓励线上线下知识产权服务融合发展,提高服务水平。

(8)支持自主知识产权产品"走出去"

从中央外贸发展基金中安排一部分资金,主要用于支持自主知识产权产品出口。利用对外援助、带资承包等多种方式,支持自主知识产权产品出口。支持和推动有条件的科技型企业到境外建立营销网络或设立分支机构、研发中心。充分利用当地的信息、人才、资金，开拓国际市场，培育拥有自主知识产权、跨国经营的出口企业。扶持一批拥有自主知识产权和知名品牌的优势出口企业通过上市、兼并、联合、重组、跨国并购等方式，提高规模效益。

（三）发展知识产权服务业

随着我国经济的发展，知识产权服务业市场前景广阔，知识产权社会组织也大有可为，但在发展过程中，政策体系还有待完善，市场发育还需要进一步健全等现实问题，也是客观存在的。

1. 引导知识产权服务业助推国家功能区发展战略实施

配合国家“一带一路”、京津冀协同发展、长江经济带、自贸区等政策实施，开展知识产权品牌服务牵手区域发展行动，带动优质知识产权服务资源对接国家重大规划的实施，建立帮扶机制，提升战略实施相关区域的知识产权服务能力。大力发展知识产权服务外包业务，主动承接国外相关服务转移。鼓励知识产权服务机构帮助国内企业“走出去”。

2. 完善知识产权服务业统计监测与发布机制

完善知识产权服务业统计制度，与工商、版权、农业、林业、质检等部门建立信息交流合作机制。利用工商登记、税收记录、组织机构代码数据，建立科学、统一、全面的知识产权服务机构名录库，结合经济普查数据动态更新名录库。利用现代信息化技术，扩大知识产权服务业统计调查的覆盖范围。加强统计数据的分析与应用，客观反映发展规模、经营效益、就业状况、业态结构与发展趋势，为宏观决策与指导提供基础支撑。与有关部门联合编制知识产权服务业统计报告，发布知识产权服务业发展年度报告。

3. 加强知识产权服务业行业组织建设和监管自律

建立知识产权服务业全国性行业组织，发挥行业自律、行业服务、反映诉求、标准制定和规范行为等方面的作用。健全知识产权服务诚信信息管理、信用评价和失信惩戒等诚信管理制度。在地方层面,成立区域性知识产权服务业联盟或行业协会。开展知识产权服务行业“一业多会”试点。开展商标代理机构的信用信息记录、评价和公开,加强商标代理事中事后监管。发挥商标协会规范商标代理机构行为的作用,加强商标代理职业道德培训。加强对著作权集体管理组织、版权行业协会、版权中介机构的管理与服务,规范市场行为。规范和引导地理标志知识产权服务秩序。

4. 建立健全知识产权服务标准体系建设

成立全国知识产权服务标准化技术组织,建立知识产权服务标准化统一管理、分工负责、共同推进的工作机制。加快制定知识产权服务通用基础标准、公共服务标准。结合行业需求,优先制定专利代理服务规范、专利检索分析规范、专利分析评议规范、专利运营服务规范等。开展知识产权服务标准化试点示范。在国家级高新技术开发区、知识产权服务业集聚区、知识产权示范城市或园区中建设知识产权服务标准化试点示范区,在知识产权服务品牌机构中培育标准化示范机构。加强知识产权服务标准的宣传贯彻和推广应用。培育发展知识产权服务团体标准。

(四)拓展知识产权国际合作

1. 推动构建更加公平合理的国际知识产权规则

制定全方位知识产权国际合作政策,进一步推进与大国、周边国家、发展中国家及国际组织的知识产权友好合作。积极谋划建立以“保护权利”和“促进发展”为核心的全球知识产权治理新秩序,配合“一带一路”倡议推进,以知识产权国际规则为重点深化多边合作,以审查、执法、技术创新合作为重点深化双边、多边和区域合作,为知识产权强国建设营造良好的国际环境。

积极参与联合国框架下的发展议程，推动落实《TRIPs与公共健康多哈宣言》（以下简称《多哈宣言》）和《视听表演北京条约》，参与《专利合作条约》《保护广播组织条约》《生物多样性公约》等规则修订的国际谈判，推进加入《工业品外观设计国际注册海牙协定》和《马拉喀什条约》进程，推动知识产权国际规则向普惠包容、平衡有效的方向发展。

2. 制定国际合作总体方略

（1）制定知识产权全球合作的工作规划

加强双边知识产权规则的制定与合作，形成国际规则的变革共识，与重点国家取得合作的突破，扩大规则制定的范围，先易后难，形成事实上的国际规则，构成网络框架，成为国际惯例，从而成为国际条约；加强多双边结合，与重点国家，例如金砖国家、上合组织成员、东盟国家进行合作，以双边为基础，推进局部地区的小多边的国际规则制定，从而提高我国在国际规则制定上的影响力。

（2）制定区域国际合作的工作规划

积极在APEC、“一带一路”等区域经济合作中，参与和提出各类知识产权国际合作倡议。通过知识产权援助、公共产品的国际合作等多种方式，加强与包括“一带一路”相关国家在内的发展中国家和新兴国家的知识产权合作。

（3）建立国际合作实施保障机制

建立以知识产权战略为引导的、统筹协调的知识产权国际合作协调机制。将知识产权国际合作的中央部委间统筹协调工作纳入并作为国家知识产权战略协调机制的重要组成部分；明确各级政府和有关部门在知识产权国际交流合作中的工作职责；完善知识产权涉外信息沟通交流机制，加大对地方知识产权涉外工作的指导协调；形成“上下联动，步调一致”的全国知识产权外交工作“一盘棋”的良好局面。

3. 制定知识产权国际合作的具体策略

(1)推进知识产权价值观外交

一是建立“包容、普惠、平衡”的知识产权价值观体系,不断完善中国特色知识产权制度。“包容、普惠”是对外知识产权价值观,即能够包容不同发展阶段、不同保护程度的国家,在国际交往合作中,要互利共赢,不能一方得利一方受损。“平衡”是指不仅要保护知识产权所有者,还应同等保护知识产权使用者和消费者,兼顾知识产权所有者与公共利益。我们的知识产权价值观有其科学合理性,能够赢得广大发展中国家的认可,应当不断完善这一价值观体系,积极开展知识产权价值观外交。

二是充分发挥政府知识产权外交(对外交流合作)主渠道作用,增加有关部门知识产权外事经费,使知识产权对外交流与国际经贸投资的国际布局相匹配。

中国作为最大的发展中国家,应该承担起团结更广大的发展中国家伙伴,在联合国、WTO 等国际框架下争取更公平合理的发展机会的职责。一方面,要联合广大发展中国家一起动用反垄断法等法律武器,打击西方跨国公司滥用专利权的违法行为,保护自己合法的发展权益;另一方面,也要在国际双、多边经贸合作框架下尽快推进针对发展中国家和地区的知识产权保护谅解制度的建立,通过谈判的方式,请求发达国家和地区给予知识产权保护治理援助,延长相关法律等制度和文化的建设期限,抵制因悬而未决的知识产权争端而对发展中国家采取单方面强硬的贸易制裁等。

(2)建立知识产权国际谈判协作机制

将知识产权国际化纳入国家战略,明确战略目标,设计有效的战略举措。构建发展中国家知识产权沟通协调机制,以抗衡 TPP、TTIP 等发达国家主导的知识产权协议框架。成立更高级别的工作机制,统筹协调对外谈判工作,逐步建立起跨部门、跨国界的高效完善的谈判机制，形成政府、行业协会、企业、智库等对外谈判的磋商、咨询和应对机制。

一是WIPO框架下积极开展工作共享和信息化项目。WIPO本身的知识产权立法机构的特点，以及《WIPO发展议程》所具备的极强的伸缩性、广泛性等特点，决定了WIPO在国际知识产权立法领域仍然是最为重要的机构。我国在提出知识产权国际议题时要注意议题的内容应当明确议案的精神以及目标，应当贴合“知识产权为私权”这一主题，在条文的精神、条文的内容上，以私权为尺度，对权利的主体、客体予以明确的界定，从而便于议案为各国所接受。工作共享和信息化项目对发达国家和发展中国家都能带来收益，仍将是未来一段时期内国际合作的主题。同时，专利政策、体量和需求类似的专利局间的局部合作还将是国际合作的主要平台，WIPO对于这些合作也保持了一种开放和支持的态度，寄希望于通过局部合作产生的成果来推动WIPO框架下的相关业务发展。因此，未来一段时间可以在WIPO框架中积极开展工作共享和信息化项目，加强中美欧日韩五局合作等，适时推出对发展中国家和欠发达国家的知识产权工作援助。

二是WTO框架下继续推动生物多样性等相关谈判并提出权利限制与例外的相关议题。在WTO框架下，推行符合我国利益的知识产权议题，所应当秉持的原则仍然是争取我国利益，联合发展中国家，对抗欧美发达国家的高标准知识产权保护议题，并且推行符合发展中国家对知识产权的惠益共享机制的议题。同时，鉴于当前知识产权保护强度的提高成为欧美发达国家所欲实现的目标，我国可以考虑在适当时候，提出一个较为中肯的知识产权保护强度的提案，从而在WTO的机制运作中占得先机。建议在WTO中继续推动生物多样性等相关谈判并提出权利限制与例外的相关议题。发达国家与发展中国家在WTO框架下具有相对平衡的力量，我国应当团结以新兴市场国家为代表的发展中国家，继续推动生物多样性等相关谈判，积极研究提出关于知识产权权利限制与例外的相关议题。同时，利用 WTO 与 WIPO 在互联网知识产权保护国际规则主导权方面的激烈博弈，提出互联网知识产权权利限制与例外的相关议题。

三是在其他国际场合积极推动促进发展的相关议题。在世界卫生组织（WHO）框架下推动知识产权与公共健康权保护的讨论，积极推动发挥专利制度在促进药品研发与应用方面的重要作用。在《生物多样性公约》缔约方大会、联合国粮农组织框架下推动知识产权与生物多样性、粮食安全等议题的讨论，积极推动遗传资源运用过程中的惠益分享。在联合国贸易和发展会议框架下推动知识产权与发展的讨论，推动知识产权制度发挥技术援助的作用。在世界银行框架下推动使用银行资金购买药品专利促进公共健康、运用知识产权促进气候变化技术转移等议题。在联合国开发计划署、联合国环境规划署、联合国教科文组织框架下提出运用知识产权促进发展、保护文化多样性等议题。推动 WIPO、WTO、WHO、《生物多样性公约》缔约方大会、联合国粮农组织等的合作。推动知识产权政策与外交、外宣政策渗透融合，改进知识产权外交和知识产权国际文化传播，大幅提升知识产权事业发展模式的国际认同度。推动知识产权政策与国际经贸规则谈判的渗透融合，不断提高和增强知识产权规则制定的参与度和主导权。

（3）加强知识产权对外合作机制建设

加强与 WIPO、WTO 及相关国际组织的合作交流。深化同主要国家知识产权、经贸、海关等部门的合作，巩固与传统合作伙伴的友好关系。推动相关国际组织在我国设立知识产权仲裁和调解分中心。加强国内外知名地理标志产品的保护合作，促进地理标志产品国际化发展。积极推动区域全面经济伙伴关系和亚太经济合作组织框架下的知识产权合作，探索建立“一带一路”沿线国家和地区知识产权合作机制。

（4）拓宽知识产权公共外交渠道

利用国际会议、国际活动、国际学习交流、领导人出访等多种场合和机会，向世界展示一个不断克服困难，千方百计增强知识产权保护力度的中国形象。

在我国，各行业协会、各种智库和社会组织罕有机会直接而有效地参与知识产权国际交流与合作，这不利于国际社会对我国知识产权工作的了解和认同，不利于我国取得成就的宣传推广，也不利于我国通过更多渠道获得完善我国知识产权制度的建议，应该借鉴国外经验，为行业协会、中介组织、各种智库以及其他社会组织参加知识产权国际对话提供更多渠道和便利，提升我国知识产权国际文化传播的成效。

充分发挥行业协会、公共智库等社会组织第二轨道知识产权外交的独特作用。相对于政府部门，行业协会、各种智库和社会组织参与知识产权的国际交流合作，更容易深化国际社会的认同，有利于利用社会资源更好地增强我国知识产权价值观、制度和文化的国际融合。

拓宽企业参与国际和区域性知识产权规则制修订途径。推动国内服务机构、产业联盟等加强与国外相关组织的合作交流。建立具有国际水平的知识产权智库，建立博鳌亚洲论坛知识产权研讨交流机制，积极开展具有国际影响力的知识产权研讨交流活动。

(5)加大对发展中国家知识产权援助力度

支持和援助发展中国家知识产权能力建设，鼓励向部分最不发达国家优惠许可其发展急需的专利技术。加强面向发展中国家的知识产权学历教育和短期培训。

(五)加强知识产权支撑

1.加快知识产权人才队伍建设

当前我国基本形成了以领军人才、百名高层次人才、千名骨干人才和万名专业人才为纵向 4 个层级，以行政管理和执法、专利审查、服务业、企业、高校及科研院所知识产权人才为横向 5 个类别，包含 8 万余人的知识产权专业人才队伍。知识产权专业人员正式纳入国家职业分类大典。但人才总量相对不足,人才占人口和人力资源的比例低于发达国家,特别是高层次人才和复合型人才缺乏。知识产权人才素质不断提高,学历高、年轻化,人才专业背景、年龄梯次更符合实际需求,但是人才的结构布局不够合理,人才区域分布不均衡。人才使用效能有待提高,人才培养结构与经济社会发展需求不相适应。为了解决上述问题,需要采取相应对策。

(1)加强人才激励保障机制建设

建立健全人才激励保障制度,形成政府、用人单位和社会力量共同推进的良好局面,充分尊重人才诉求,体现人才价值,有效保证并不断提高人才知识更新和创新素质。

(2)建立人才评价与发现机制

建立科学的知识产权职业分类体系,探索研究各类知识产权人才能力素质标准,完善知识产权从业人员专业技能评价体系以及企事业单位知识产权人才评价制度;积极推动设立各类知识产权专业技术职业资格,并将其纳入职称评审体系,使得从业资格登记与职称相对应,为知识产权服务从业人员建立职业发展通道,增加行业吸引力,推动行业持续健康发展。

(3)完善知识产权人才培训相关标准研究

逐步形成由专业基础人才、骨干人才、高层次人才和高层次引领人才组成的科学完备、结构合理、相互衔接的知识产权人才体系;将知识产权专业服务人才的培养从过去的以在职培训为主,适当拓展向前延伸到高校。例如在图书情报学科下设立专利信息相关学科、在高校理工科专业开设专利信息课程等;运用“云计算”“移动网络”等先进技术,搭建知识产权服务培训平台,实现远程异地培训、交流和考核,从而降低培训成本,提高培训效率;加大对高端人才的引进和高层次人才的培养,建立知识产权高端人才实践基地,促进人才成长。

(4)推动知识产权国家智库建设

2010年,国家知识产权局成立“国家知识产权专家咨询委员会”,围绕知识产权强国建设等战略性、全局性和关键性问题,深入开展调查研究,积极提出高水平的咨询意见和建议,共同推动知识产权事业科学发展。积极营造人才队伍培养的良好环境,充分发挥各类专家的作用,加大知识产权运营和国际化复合型人才培养力度。

(5)培养一批知识产权价值分析师

通过政府推进、金融机构支持以及专利运营机构付诸实施等方式,培养知识产权价值分析师,通过专利的运用产生现金流,促进我国知识产权评估业的长足发展。

2. 大力建设知识产权文化

(1)知识产权宣传普及文化建设

建立新闻媒体支撑、社会公众广泛参与的知识产权宣传工作体系,推动知识产权宣传普及,建立若干知识产权文化培育试点,将知识产权内容更多地纳入普法、全民科学素养提升等工作中。

(2)知识产权教育

推动知识产权进学校、进社区、进企业、进军营。提高全社会知识产权意识,使尊重知识、崇尚创新、诚信守法理念深入人心,为加快建设知识产权强国营造良好氛围。

3. 出台相关财税金融政策

在加大资金投入方面,充分整合现有政策资源和资金渠道,设立知识密集型产业发展专项资金,逐年加大投入力度,着重支持重点领域专利池建设、实施知识产权专项行动计划、知识产权成果产业化和应用示范工程等。在税收优惠政策方面,在全面落实现行各项促进知识产权创造和成果转化等税收扶持政策的基础上,针对知识产权创造及应用过程的特点,研究完善引导知识产权成果发明和产业化的税收支持政策。

(1)提高财政资金投入效率

在知识产权融合经济发展、保护、审查能力提升、国际合作推进、基础保障和环境优化服务等六个方面,主要有重点产业、重大技术、重点项目的知识产权分析预警及评议专项资金、知识产权密集型产业收储运营基金、海外知识产权风险防控及维权援助专项基金、“一带一路”知识产权收储运营基金、智库建设专项基金、重大知识产权问题研究专项基金、知识产权信息化建设基金等财政支持项目。

优化国家财政对知识产权的投入结构,合理调整财政资金中科研和产业化阶段的经费结构和比例关系,建立科研经费和知识产权的比例配套的政策;企业通过招投标等方式获得的科技专项资金,应当配套知识产权经费。

创新资金投入机制,发挥财政资金引导作用,大力吸引社会资金投入知识产权管理和运营平台建设,逐步建立多渠道资金保障机制。

改革现有知识产权资助政策,由全面资助向重点资助转移;由资助三种专利向资助发明专利转移;由资助所有发明专利转向资助具有重大技术突破或者是制约产业集群发展的专利;由资助专利申请转向资助专利运用;在 PCT 申请获权之后,资助申请费用,从而引导知识产权申请由数量向质量转变。

(2)制定与完善税收减免政策

推动个人所得税改革,明确个人所得税知识产权的原值和合理费用的计算方法和标准,实施更加优惠的税率,促进个人关于知识产权的作品和服务的流转。对科研人员从事研究开发取得重大科研成果获得的一次性奖励或有关津贴,免征个人所得税;对高科技人才的技术转让和技术服务所取得的收入,给予一定的个人所得税减免。

允许企业提取技术研发准备金,降低投资风险;完善企业研发费用税前加计扣除政策,将发明人奖励计入研发成本,激发发明创造动力;

对企业获得的国际许可收入、海外专利布局得到授权的成本、专利金奖转化运用的收入抵扣一定的税。

对知识产权高端服务机构、拥有核心专利、知名品牌和精品版权的创业和成长型科技企业与中小微企业实施“三免三减半”的企业所得税减免激励，企业自认定年度起3年内免征企业所得税，第四至第六年减半征收企业所得税。对于重点领域的企业，知识产权业绩突出的，也可以予以减税。

对高校、科研院所和企业用科技成果作价投资所形成的股权，在实行股权保全的基础上，对评估增值部分暂不缴纳企业所得税，在取得现金分红或股权转让时缴纳企业所得税。对于技术开发、转让业务以及与之相关的技术咨询和技术服务相关的所得，在一个纳税年度内，居民企业技术转让所得不超过500万元的部分，免征企业所得税；超过500万元的部分，减半征收企业所得税。

(3)制定完善金融扶持政策

加大国内资本市场开放力度，建立和健全企业金融支持体系，拓宽企业知识产权融资渠道和信用担保渠道。强化金融创新功能，加快金融产品和服务方式创新，形成各类金融工具协同支持知识产权的良好局面。

完善知识产权质押融资和投融资相关政策，促进科技、知识产权与金融资源的有效结合，推动一批知识产权优势企业通过资本市场上市融资，推动完善质押贷款、创业投资、资本市场等多层次的知识产权融资体系，推动知识产权证券化发展。

构建多方共同参与的专利保险服务创新机制，积极发展专利权质押融资、投融资。推进专利权经济价值分析运用，利用专利权经济价值分析指标配合现有知识产权价值评估方法，支持银行和金融机构控制质押贷款风险。

探索建立知识产权运用纳入国家统计的方式方法，完善促进知识产权保护和运用的政策法规,激发全社会的创新活力。充分运用财政、税收、金融等政策,激励知识产权的保护、运用和管理。

推动落实亚洲基础设施投资银行、金砖国家开发银行、丝路基金等国家重大金融安排,提高资金运作效率。推动中国本土银行"走出去",设立海外投资基金,建立企业"走出去"知识产权专项促进基金和担保基金,加大政府支持力度。

(4)加强知识产权金融服务

引导金融机构建立适应高技术产业知识产权成果创造和转化的信贷管理和贷款评审制度,积极推进知识产权质押融资等金融产品创新,建立财政出资和社会资金投入在内的多层次担保体系,综合运用风险补偿等财政优惠政策,促进金融机构加大支持高技术产业知识产权创造和产业化的力度。积极发挥创业板、场外证券交易市场、债券市场等多层次资本市场的融资功能,拓宽掌握知识产权成果的高技术企业融资渠道。发挥政府创业投资资金的引导作用,带动社会资金投向高技术产业中掌握知识产权的创新型企业。

(5)完善专利产业化的财政资助政策

目前,我国已经拥有部分促进专利产业化的专门政策。例如,财政部牵头实施的国家重大科技成果转化项目,"对获得国家发明专利产业化项目,按照总投资额的 20%予以补助,总补助资金不超过 2000 万元"。但是,这些经费对于全国大量专利产业化项目的资金需求仍然杯水车薪,需要扩大资金总额和支持面。建议国家层面成立专利产业化专项资金,发挥对社会资金的引导作用。一是对获得中国专利奖的专利产业化项目,给予财政重点支持;二是采取补贴银行的方式,通过贷款贴息,撬动银行资金开展知识产权质押贷款,大幅度地扩大专利产业化资助面;三是引导地方将专利申请资助资金转向支持专利产业化,扩大地方政府的扶持面。

(6)加大对知识产权服务业的政策和财税支持

简化审核程序,知识产权服务合同按照享受“四技”合同[①]对待。符合离岸服务外包业务免税条件的知识产权服务机构,提供离岸服务外包业务免征增值税。在中国服务外包示范城市内的知识产权服务机构,符合技术先进型服务企业条件的,经认定后按规定享受税收优惠政策。把知识产权服务业纳入新兴产业重大工程和高技术服务业培育工程重点实施领域,创新服务模式,提升服务能力,培育骨干机构。发挥财政资金的杠杆作用,利用创业投资引导基金、科技型中小企业创新基金等资金渠道加大对知识产权服务业的支持力度,引导社会资金投向知识产权服务业。创新财政支持方式,积极探索以政府购买服务、“后补助”等方式支持公共知识产权服务发展。支持符合条件的知识产权服务机构在境内外特别是境内创业板、新三板上市。

二、知识产权强国建设的重大工程和项目

实施知识产权重大项目和重大工程,深化改革体制机制,释放知识产权制度对于创新创业的激励与保障能量;加强知识产权运用和保护,以市场化手段更加高效地配置创新资源、鼓励知识产权转移转化;积极参与国际合作,提高我国的知识产权国际影响力;提供基础保障,积极营造良好的知识产权环境,促进经济社会发展的作用明显提高,知识产权国际竞争力大幅度提升,为全面增强自主创新能力和提高国家核心竞争力提供支撑。

① “四技”合同,即技术开发合同、技术转让合同、技术咨询合同和技术服务合同。

(一)知识产权融合经济发展

知识产权是国际竞争筹码,企业在国际市场中的实力与规则的博弈也日趋激烈。知识产权前连创新后连市场,是科技成果向现实生产力转化的桥梁和纽带,服务于产业发展并引领产业变革。在各国看重创新引擎对经济增长的提振作用,重视知识产权时,我国大部分企业知识产权投入少、知识产权人才缺乏、无效专利较多、知识产权成果转移和产业化率低等问题也比较突出,企业规模大、利润低,依靠低成本优势竞争、走粗放式发展道路等问题突出。

为充分发挥知识产权对创新驱动发展战略的促进作用,建设知识产权强国,设置知识产权促进产业经济发展项目,通过加强知识产权的运用加快产业结构调整,提升企业竞争力,促进科技成果转化为现实生产力。大力发展高科技企业,开发具有自主知识产权的高科技产品,提高高科技产品的市场份额和在国民经济中的比重,使高科技产业化成为经济转型的必然方向。通过专利战略、品牌战略将我国传统的产业结构向"微笑曲线"附加值更高的两端延伸,增强我国的产业国际竞争力,实现知识产权强国的战略目标。发展以知识为主的技术密集型产业是实现产业结构调整的重要途径,知识产权战略在此过程中发挥不可替代的促进作用。

经济、社会、文化、政治、生态文明"五位一体"发展目标的提出,使我们明确了发展的方向。为实现"五位一体"的发展目标,需要从根本上思考知识产权制度创设的目的,在鼓励产生新知识、创造商业价值的同时,更加强调社会价值的创造,以及生态文明、文化多样性等伦理价值的塑造。因此,一方面,应当提高对知识产权负面作用的研究与认识,通过制度调整来削弱知识产权对创新发展的阻碍作用、对社会公平可能带来的影响;另一方面,应当通过制度创新建立差别化的知识产权保护制度体系,将遗传资源、传统知识、传统文化等纳入知识产权的保护范围，将社会价值、生态价值、文化价值纳入知识产权保护的目标考量，实现“五位一体”的发展目标。

1. 项目目标

促进知识产权运用，大力推动知识产权全面融入企业、产业和经济贸易发展中，切实发挥知识产权对企业、产业和区域创新能力的提升作用。通过发挥知识产权对企业效益提升的作用，培育一批知识产权强企。大力发展知识产权密集型产业，实施专利导航产业发展，促进知识产权与区域经济深度融合，形成一批知识产权强省强市。健全知识产权运营体系，强化知识产权与外贸发展战略的结合，推动科技兴贸战略向知识产权强贸战略深化升级。

2. 项目内容

推进企业知识产权标准贯标工作，制定实施高校和科研机构知识产权管理标准。培育知识产权运用优势企业，全面提升企业知识产权运用能力。培育一批在重要行业重点领域具有较强知识产权控制力和影响力的知识产权龙头企业。健全强企示范企业涉外事务协调机制，形成一批具有极强的知识产权控制力和国际影响力的知识产权优势企业。

培育知识产权密集型产业，制定中国知识产权密集型产业的认定标准，探索制定知识产权密集型和依赖型产业的产业规划。开展中国知识产权密集型产业的调查统计工作，分析其对产业增长、就业、外贸的贡献。制定完成并实施不同领域发展知识产权密集型产业的产业规划。培育一批具有中国特色和世界影响力的知识产权密集型产业，强化国民经济核算体系中对知识产权促进经济发展内容的评价与考核。知识产权密集型产品的经济价值可以完全凭借市场化的方式实现，国家政策类的扶持政策逐步退出。

运用专利导航产业发展，通过知识产权密集型产业培育形成的密集型产业目录覆盖国民经济的比率超过中等发达国家,并靠近世界领先国家。探索在制定区域规划和产业规划的过程中引入专利导航,继续开展重点领域的专利导航分析工程,建立专利导航分析常态化机制,以对应领域的产业集聚区为依托,指导项目立项和专利布局工作。鼓励以专利导航为基础的企业自发成立产业联盟,推动重点产业发展。搭建知识产权运营平台,促进知识产权国际贸易,提升企业知识产权综合运用能力,培育一批知识产权优势企业,促进知识产权融合经济发展。

开展重大经济活动知识产权评议。研究制定知识产权评议政策,完善知识产权评议工作指南,规范评议范围和程序。围绕国家重大产业规划、高技术领域重大投资项目等开展知识产权评议,建立国家科技计划知识产权目标评估制度,积极探索重大科技活动知识产权评议试点,发布重点领域知识产权评议报告,提高创新效率,降低产业发展风险。

建立以知识产权为重要内容的创新驱动发展评价制度。完善发展评价体系,将知识产权产品逐步纳入国民经济核算,将知识产权指标纳入国民经济和社会发展规划。在对党政领导班子和领导干部进行综合考核评价时,注重鼓励发明创造、保护知识产权、加强转化运用、营造良好环境等方面的情况和成效。探索建立经营业绩、知识产权和创新并重的国有企业考评模式。按照国家有关规定设置知识产权奖励项目,加大各类国家奖励制度的知识产权评价权重。

(二)知识产权创造提质增效

知识产权审查是知识产权强国建设的重要环节和支撑力量,是实施创新驱动发展战略的基础工作。优质高效的审查工作有助于促进知识产权强国建设,有助于推动科技创新,实现经济社会的可持续发展。

2014 年 11 月 5 日,国务院常务会议决议中明确提出加强知识产权保护和运用的重要举措——提高知识产权审查质量和效率。提高审查质量是提升知识产权质量的关键环节，保证知识产权权利的稳定性是加强保护、促进运用、实现价值的基础。高效率审查、优化审查周期结构是满足用户和社会多样化需求的保障。有效发挥知识产权审查向前促进科技创新水平提升、向后促进知识产权市场价值实现的双向传导作用，必须在高水平创造和高质量申请基础上，实现高效率审查和高规格授予。高质量的知识产权能有效保护创新成果，促进专利技术转化运用，激励创新主体的创新动力，指导社会的创新方向。2015 年 12 月 18 日，《国务院关于新形势下加快知识产权强国建设的若干意见》在"促进知识产权创造运用"中明确要求完善知识产权审查和注册机制："建立计算机软件著作权快速登记通道。优化专利和商标的审查流程与方式，实现知识产权在线登记、电子申请和无纸化审批。完善知识产权审查协作机制，建立重点优势产业专利申请的集中审查制度，建立健全涉及产业安全的专利审查工作机制。合理扩大专利确权程序依职权审查范围，完善授权后专利文件修改制度。拓展'专利审查高速路'国际合作网络，加快建设世界一流专利审查机构。""加强知识产权信息开放利用……依法及时公开专利审查过程信息。"这为知识产权审查审批能力提升指明了方向。

1. 项目目标

优化和完善知识产权审查和注册机制，进一步提高知识产权的审查审批能力，是激发社会创新创业热情的必要保障。实现知识产权的在线登记、电子申请和无纸化审批。专利审查方面，进一步提高专利审查水平，优化专利审查流程与方式，提升专利审查便利化水平，完善知识产权审查协作机制，建立重点优势产业专利申请的集中审查制度，建立健全涉及产业安全的专利审查工作机制，合理扩大专利确权程序依职权审查范围，完善授权后专利文件修改制度，拓展"专利审查高速路"国际合作网络，加快建设世界一流专利审查机构，确保授权专利保护范围清晰、适当,专利申请驳回客观、公正,专利审查周期科学、合理,以高质量的专利,推动专利的运用和保护,促进经济社会发展。商标注册方面,优化商标的审查流程与方式,提升商标注册便利化水平,显著提高行政效率,积极预防商标注册泡沫化,实现注册审查和管理运用能力达到国际先进水平。促使商标市场价值充分显现,实现商标对经济增长的贡献率进一步提升。促使商标注册审查流程和商标结构更加优化,涌现一批具国际影响力的商标品牌。著作权登记方面,建立计算机软件著作权快速登记通道。进一步完善植物新品种、地理标志、遗传资源、传统知识、民间文艺、国防知识产权的审查和注册流程与方式。

2.项目内容

(1)优化知识产权审查注册方式与流程

理顺知识产权审查注册方式与流程是提升知识产权审查和注册效率的重要方式。优化专利和商标的审查流程与方式的主要内容是进一步完善专利和商标的审查协作机制,实现知识产权在线登记、电子申请和无纸化审批,建立集中审查、快速审查制度,适应创新主体的个性化需求,提供灵活而具有弹性的审查解决方案。

建立灵活的商标审查体制机制。充分发挥协助审查机构的作用,不断完善商标审查协作工作模式。优化商标审查流程,以独任审查制全面替代"一审一核制"。

完善知识产权审查协作机制,建立重点优势产业专利申请的集中审查制度,建立健全涉及产业安全的专利审查工作机制。缩短产业发展重点领域、重要申请的专利审查周期。对于个案的审查周期提供"延迟、正常、加快"等多种选择。优化和完善各种审查模式的管理办法,在现有关联审查的基础上针对国民经济重要领域进一步开拓集中审查模式;充分发挥现有的多种审查模式的协同作用,加强专利审查对科技创新的支持力度。增强对法律和政策的把控能力,推动和促进专利审查工作与国家政策的协调一致;加强对重点或敏感技术领域的技术敏感度，保障我国创新型产业的健康发展以及国家安全和国家重大利益。合理扩大专利确权程序、依职权审查范围，完善授权后专利文件修改制度。

(2)实施知识产权审查质量提升计划

知识产权审查质量直接关系到知识产权的权利稳定性，是对创新主体负责，也是对保障知识产权经济价值实现的重要支撑手段。良好的审查质量控制体系是提升知识产权审查质量的最直接和最有效途径。质量提升的过程中最重要的即是解决知识产权审查质量和审查效率的关系。只有将审查效率和审查质量统一起来，才能真正起到支撑创新、激励创新的作用。

完善商标审查质量监管和协调保障制度。健全完善新型商标的审查标准。建立重大、疑难案件审查会商制度。积极探索口头审理和巡回审理机制。推进商标评审公开化，提高商标审查效率。建立商标审查绿色通道。优化商标审查体系，建立健全便捷高效的商标审查协作机制，完善商标审查标准，提高商标审查质量和效率。

建设专利审查业务指导体系和专利审查质量保障体系，确保专利审查标准执行一致。合理降低专利驳回决定撤销比率，合理降低在没有依据新证据的前提下发明专利无效宣告比率，合理降低专利行政诉讼撤销行政决定比率。

建立软件著作权快速登记通道。提高植物新品种测试能力，完善植物新品种权审查制度。

(3)实施知识产权审查标准动态调整政策

随着新技术、新业态的不断发展，现有知识产权审查的标准将不断面临挑战，无法适应“大众创业、万众创新”的新形势要求，因此必须形成知识产权审查标准的动态调整政策，形成审查指南修订常态化机制，及时根据我国产业发展状况和不同产业需求，立足领域特点和需求动态调整专利审查标准。及时响应社会需求优化知识产权审查政策制定流程。制定审查政策从预先研究、征求意见、发布、应用到反馈和调整的闭环规范流程。根据社会需求,及时调整审查政策,增强政策制定的前瞻性、科学性,并及时根据反馈进行调整,使审查政策考虑国家经济社会发展的整体布局,并与现行法律一脉相承。

(4)加强知识产权审查国际交流合作

当前我国知识产权审查工作与世界主要知识产权强国仍存在一定差距,如美国、欧洲、日本、韩国等主要国家和地区,在知识产权审查和登记方面都能为我国提供许多有益的借鉴。加强知识产权审查的国际交流合作有利于我国吸取各国在审查登记领域的经验,借用别国经验和资源提升我国的审查登记能力。

积极参与商标审查国际合作,加强与相关商标国际组织的沟通协调能力,完善与各国商标主管机构和协会的审查合作与交流。

全面增强国际专利审查业务能力建设,加强与国际组织合作,巩固和发展与主要国家和地区的双多边审查交流,提高专利审查国际业务承接能力,建设专利审查高速路,在国际合作中发挥业务引领作用。拓展"专利审查高速路"国际合作网络,加快建设世界一流专利审查机构。

(5)扩大知识产权审查资源基础公共服务

知识产权审查资源是重要的社会公共资源,不仅可以用于知识产权审查,也可以为创新主体和社会公众提供多样化的公共服务。一方面,知识产权数据资源可以为创新主体的创新活动提供有益的借鉴和参考,应当有效而全面地向社会公众公开;另一方面,知识产权审查人才队伍是在知识产权审查登记过程中培养形成的重要知识产权人才力量,其智力成果应该被更广泛地用于服务大众创业创新,与社会创新主体充分互动,形成创新环境的良性循环,可以有效地提高知识产权申请质量。更重要一点,审查资源是一种公共资源,其公共属性即要求其必须尽可能地向社会公众公开,对于营造良好的创新创业氛围大有裨益。

建设商标代理机构信用档案和管理信息平台。建立马德里电子通信平台，建立与 WIPO 商标注册系统的衔接。完善适合我国检索方式和检索习惯的智能化商标检索系统，探索实现商标图形自动检索。全方位完善公共服务平台建设。建立中国商标网的移动互联网服务系统和微信公众平台，适应移动互联时代的新需求，开发多平台下的手机应用，实现商标查询、状态变化提升等功能。

实施专利申请质量提升项目。突出区域专利评价工作的专利申请质量导向，结合不同区域发展水平，分类确定评价指标。完善专利一般资助政策和专利奖励政策，推行专利专项资助政策，突出质量导向。加强专利申请质量与相关政策的衔接，将专利申请质量指标纳入相关政策。加强对专利申请的管理与监督，建立专利申请质量监测和反馈机制。

加强对小微企业帮扶和人员培训，提供涉及专利申请指导、专利知识培训、审查流程服务、专利信息利用等方面的指导。优先审查政策向小微企业倾斜，对小微企业亟须获得审查结果的核心专利申请予以优先审查。搜集和发布企业主要贸易目的地、对外投资目的地等外国专利制度相关信息，加强对专利审查高速路等国际合作项目的推广和培训，鼓励企业参与国际合作相关实务，为海外维权提供技术援助，从而为企业“走出去”提供支持。

（6）提升知识产权审查智能化水平

知识产权审查的智能化水平可以有效提升知识产权审查效率，也可以有效提高知识产权的审查质量、申请质量监控，信息平台的智能化水平提高，更有助于相关资源的有效运用。高水平的智能化、自动化知识产权审查审批系统是知识产权审查能力提升的基础和保障。

启动商标审查与审理自动化系统升级，提高商标自动化工作效率，开发商标审查质检系统。

优化和升级专利审批系统、检索系统和电子申请系统。依托互联网与大数据应用，全面提升智能化水平，加强专利审查信息的汇聚、整合与共享,实现稳定运行状态下的系统优化与协同,推进审查的精细化管理,完成下一代审查系统顶层设计,推动审查质量与效率的提升,为建设国际先进水平的专利审查能力提供技术保障。

(7)建立知识产权审查登记的绿色通道

完善专利审查快速通道,将知识产权密集型产业门类纳入专利申请优先审查范畴,在现有专利申请优先审查方式之外建立超快专利申请审查方式和延迟专利申请审查方式,逐步建立超快审查、加快审查、正常审查和延迟审查相结合的多轨专利审查方式,响应对专利审查周期的不同需求。建立商标审查绿色通道和软件著作权快速登记通道。建立计算机软件著作权快速登记通道。

(三)知识产权保护环境优化

保护知识产权是知识产权制度和知识产权战略的核心问题之一。虽然我国目前知识产权保护的立法已较为完善,但是在实践中知识产权保护不力仍是一个较为普遍和严重的问题。知识产权法律法规是我国社会主义法律体系的重要组成部分,然而知识产权立法的体系化程度还远远不能适应知识产权法治的要求。目前知识产权法律法规存在对共性问题缺乏统一规定、部分单行法之间重复甚至冲突、对新问题缺乏前瞻性等问题。党的十八大以来,党中央、国务院高度重视知识产权工作,将知识产权制度作为创新驱动发展的基本保障。党的十八大报告提出,实施知识产权战略,加强知识产权保护。党的十八届三中全会提出,要加强知识产权运用和保护。《关于深化体制机制改革加快实施创新驱动发展战略的若干意见》中明确指出“要实行严格的知识产权保护制度”,《关于大力推进大众创业万众创新若干政策措施的意见》提出“加强创业知识产权保护”。党中央、国务院一系列重要文件都对知识产权保护工作提出了新的要求,做出了新的部署。

总结世界大国崛起经验,可知知识产权是科技进步和经济增长的源泉。在全球化进程加快的今天，有效保护知识产权，发挥知识产权对于科技创新的杠杆作用，成为后发国家崛起的必然选择。

进入21世纪以来，伴随着知识经济时代和信息化社会的到来，不断加强知识产权保护，依靠知识和技术创新驱动经济社会发展，已成为世界发达国家经济发展的基本条件和重要特征。知识产权保护作为一种激励创新的政策工具，既是国家储备创新型战略资源的必经之途，更是未来中国赢得国际竞争优势的战略制高点。目前，我国经济发展质量低于国际先进水平，经济发展也日益面临着资源、环境的制约。我国加快转变经济发展方式，推进从资源要素驱动向创新要素驱动的转变，是全面建成小康社会、实现中华民族伟大复兴的必经之路。加强知识产权保护，不仅是营造创新发展良好环境，实现创新发展的关键，也是关系到国家前途和民族未来的必然选择，有利于持续激发全社会的创新欲望，有利于不断增强创新活动的有效性。因此，建设知识产权强国，必须从我国自身发展阶段出发，加快完善促进创新的知识产权保护机制，努力实现创新投入与创新回报的良性循环，为建设创新型国家进而实现强国梦提供坚实基础。

1. 项目目标

构建严格的知识产权保护体系，进一步完善知识产权立法、健全知识产权司法，加强知识产权行政执法，优化知识产权司法和行政保护的衔接机制。满足市场主体保护知识产权的需求，提高知识产权纠纷解决的效率，建立知识产权纠纷多元解决机制，强化重点领域的知识产权保护，开展知识产权维权援助。

2. 项目内容

积极推进知识产权保护体系建设。构建公正严格的知识产权司法保护，继续优化知识产权司法与行政执法保护并行运作的保护模式，积极推进跨地区跨部门协调、合作的知识产权执法保护，完善知识产权综合行政执法,加强行政执法与刑事司法衔接,建立知识产权纠纷解决多元机制。提高执法保护效能,加强知识产权司法保护和行政执法保护的能力建设。

实施知识产权维权援助工程。对中小微企业举报投诉迅速响应、有效维权、及时援助。加强知识产权保护网络化体系建设,建立国内知识产权维权援助体系和知识产权监管平台,加强市场监管,对市场秩序进行监控,及时掌握知识产权侵权信息,避免发生重大群体性侵权事件。建立企业海外知识产权风险机制,建立行业协会和产业联盟应对知识产权海外维权的工作体系和维权援助机制。

强化重点领域的知识产权保护。严厉打击网络侵权假冒;推动建立互联网市场主体信用评价体系;加大新出厂计算机操作系统软件正版化监督检查,规范软件市场竞争秩序。采取有力措施,加大对新兴业态、新兴商业模式的保护,加强商业秘密保护;鼓励有条件的企业、大学、科研机构或者其他组织机构围绕重点发展领域、资源及产业优势,构建各种产业知识产权保护联盟,联合开展知识产权保护合作,确定产业知识产权保护战略目标,促进合作,发挥合力,提升核心产业竞争力。

加强进出口贸易知识产权境内保护。落实对外贸易法中知识产权保护相关规定,研究针对进出口贸易建立知识产权境内保护制度,试点建立侵犯知识产权进出口商品的快速裁决机制,对进出口产品侵犯中国知识产权的行为和进口贸易中其他不公平竞争行为开展调查,促进进口贸易知识产权保护与国际接轨。创新并适时推广知识产权海关保护模式,探索在货物生产、加工、转运中加强知识产权监管,对过境货物、贴牌加工出口、平行进口、跨境电子商务等过程中的知识产权侵权行为,完善执法措施。

完善版权保护与管理机制。版权作为知识产权的重要组成部分,在加快转变经济发展方式,建设创新型国家中已发挥着越来越重要的作用,日益成为解放和发展社会生产力、提升和增强社会活力的重要因素。加强版权的创作、运用、保护和管理，都将助力和推动版权保护机制体制的优化和创新，积极推进版权保护机制优化与创新。加强对国家版权贸易基地、交易中心的指导和管理，建立版权贸易基地、交易中心工作协调机制，推动版权资产管理制度建设，充分发挥版权示范基地提升城市和单位自主创新能力、促进版权产业发展的示范、引导和带动作用，通过一大批规模化、集约化、专业化的版权企业带动版权产业健康快速发展。加强对版权保护的新情况、新问题、新做法的研究。

进一步提高版权保护水平，并在保护和合法使用之间平衡、协调权利人和使用者的关系。政府在不断加强版权保护的同时，还要鼓励合法、方便地使用作品，以确保创作、保护和使用作品的良性循环，例如，公有领域作品的再利用，以共享资源，不断挖掘版权高附加值作品。国家可通过赠送或允许使用已到保护期的作品，扩大公共机构免费公开作品的范围方式，确保提供更多进入公有领域的作品，满足经济文化需求。

建立版权标准信息数据库，修订版权信息管理系统、版权信息发布系统、版权信息网络交流平台，实现综合性的版权公共资源的信息共享，形成统一规范的版权信息管理平台。建立健全著作权统计数据的收集和分析系统、著作权许可证管理系统、著作权认证系统、网络版权登记系统等，有效实施版权的综合管理。[①]

加强地理标志品牌保护。针对地理标志产品聚集区，围绕当地特色产业布局和发展规划，有重点、分行业、分类别地推动地理标志产品保护示范区建设。加强地理标志保护执法，严厉打击地理标志假冒侵权行为，保护生产商和消费者权益。引导行业自律，强化行业监督和集体维权。推动海外市场地理标志产品注册和保护，推动地理标志产品更好地“走出去”。增强地理标志产品的进出口保护监管与实效，推动

---

① 《积极推进版权保护机制优化与创新》，http://www.cipnews.com.cn/showArticle.asp?Articleid=29730，2020-01-13。

地理标志产品进出口贸易健康发展。

加强动植物新品种保护。加强行政执法能力建设,健全国家、省、市、县四级动植物新品种保护执法体系,加强行政执法与刑事司法的衔接,将动植物新品种保护执法纳入行政综合执法范畴,提高执法队伍素质和执法水平,维护品种权人的合法权益。

加强传统知识、遗传资源和民间文艺的知识产权保护。研究制定中国传统知识、遗传资源和民间文艺调查及统计指标体系,建立民族医药知识保护名录,完善民族医药进出口商品的海关编码制度。完善相关部门之间的传统知识保护的协调配合机制。设立传统知识的保护和发展基金,明确民间文艺的保护范围,建立对民间文艺作品的使用的许可和收费制度。加大对民间文艺的资金投入,重点抢救和保护民族民间文化。建立遗传资源的知情同意、惠益分享和信息披露制度。建设资料数据库,加强对遗传资源开发与创新的知识产权保护,维护我国对遗传资源的主权权利。

(四)知识产权服务水平提升

大力发展知识产权服务业是建设知识产权强国的基础工作。知识产权服务业的发展是企业等市场主体开展知识产权工作不可缺少的环节。我国知识产权服务业虽然取得了长足的进步,但仍存在从事知识产权服务业主体数量少、高端服务缺乏、服务内容有待拓宽、服务质量不高、高水平人才缺乏、国际化服务能力薄弱以及对知识产权服务业的相关监管制度不健全等弊端。

随着中国步入创新驱动发展的轨道,知识产权服务业的作用越来越突出。当前,我国新兴的知识产权服务业态和模式也不断涌现,与传统服务业一并成为知识产权服务业的重要构成。其中有代表性的两个发展方向尤为引人关注。一是知识产权金融服务的兴起。专利质押、商标质押、版权质押、专利保险等近年业务量不断增长,给知识产权金融服务带来广阔空间。二是互联网知识产权服务业态的出现。诸多知识产权公共服务平台、知识产权申请服务平台、企业知识产权管理服务平台、知识产权信息检索服务平台、知识产权新媒体等都已经成为我国知识产权服务业的新生力量和典型代表。

知识产权服务业已经成为经济发展的重要推动力量。知识产权服务业既是第三产业的重要构成，直接贡献 GDP，是调整结构、发展第三产业的题中之意，也是促进第一、第二产业转型升级，促进创新发展、提质增效的重要推动力量。知识产权服务业直接带动就业的作用也很明显，2013 年每家知识产权服务机构平均新进 5.64 人。对知识产权事业发展而言，知识产权服务业更是发挥了重要的基础支撑作用。知识产权服务贯穿于知识产权制度运行的各个环节，无论是知识产权的创造、运用、保护还是管理，都离不开知识产权服务的支撑和保障。①

1. 项目目标

引导和培育知识产权服务业发展，完善知识产权服务业管理体系，优化服务结构，提升服务能力，引进和培养知识产权服务业人才，做大做强知识产权服务业，培育有效支撑我国新常态经济转型和国际化发展下的知识产权服务业，推动知识产权与产业、科技和经济的深入融合。

2. 项目内容

（1）加快培育知识产权服务业

制定我国知识产权服务业发展规划。加快出台有利于知识产权服务业集聚发展的政策措施，扎实推进各项工作，促进知识产权服务与产业融合发展，促进产业迈向中高端水平，推动区域经济提质增效升级。要加强知识产权信息服务，鼓励发展各类知识产权信息服务机构，向市

① 贺化，《适应发展新常态，做大做强知识产权服务业——在第五届中国知识产权研讨会上的讲话》，《专利代理》2015 年第 3 期。

场主体提供更加全面的知识产权信息。鼓励中小型知识产权服务企业向细分专业服务领域延伸,引导有条件、有实力的知识产权服务企业做大做强,培育一批品牌服务机构。建立知识产权服务机构科学评价体系,加大对违规违纪机构及其人员的惩戒力度。

加快国家知识产权服务业集聚发展试验区试点示范。在此基础上,向全国深入推行针对知识产权服务业实施的各类税收优惠、资金补贴、品牌宣传等扶持办法。加快苏州高新区、北京中关村、上海漕河泾、河南郑州市和深圳福田区等国家知识产权服务业集聚发展试验区试点示范。

加强知识产权服务协会、服务企业与知识产权密集型企业之间的对接。发挥地方政府行业主管部门、行业协会搭建平台、对接联系的作用,加强知识产权服务业与各类企业有效衔接,加强知识产权与科技、产业、金融资本的对接融合。通过事业单位改革、中介协会机构改制等办法加快促进非营利为主的知识产权服务协会类型的机构与独立民营知识产权服务企业以及大企业的知识产权事务部门之间互动对接,鼓励资金、人才、业务范围和服务模式相互借鉴。

引导知识产权服务业向专业化、特色化、规模化、国际化方向发展。针对装备、医药、能源、信息、文化创意等不同类型知识产权密集型产业的特征和发展规律,鼓励中小型知识产权服务企业向细分专业服务领域延伸,引导有条件、有实力的知识产权服务企业做大做强,积极招揽国际人才。吸引国际知名知识产权服务机构在我国设立分支机构或开展合作。推动知识产权服务机构提升国际化水平,通过海外并购、联合经营、业务合作、设立分支机构等方式开拓国际市场。鼓励企业、研究机构等在国外独资或合资成立知识产权运营公司。鼓励线上线下知识产权服务融合发展,提高服务水平。

推动知识产权服务机构“走出去”。着力培育一些具有国际化视野和国际知识产权运作能力的知识产权服务机构。引导知识产权服务机构提升海外并购、海外知识产权保护、海外投资等方面相关知识产权服务的能力。加大涉外高端知识产权律师人才培育力度，鼓励和支持有条件的律师事务所到境外设立分所。培育知识产权国际经营管理公司。研究制定利用国家外汇储备成立国际知识产权交易基金，鼓励民间资本成立知识产权并购交易基金，支持相关企业广泛开展知识产权的跨国交易。

以知识产权提升传统服务业发展水平。综合运用知识产权手段促进传统服务业提高附加值，全面提升软件、信息技术服务、文化事业、教育、科技服务等知识产权密集型服务业的核心竞争力。一是发挥传统品牌的文化影响力，把中国特色餐饮、旅游等消费性服务业做大做强。二是培育生产性服务业企业品牌，促进工业设计向高端综合设计服务转变，推动生产性服务业向价值链高端发展。三是打造一批外包品牌企业，围绕外包业务布局专利等知识产权，提高外包业务的附加值。

(2)强化知识产权公共服务

全面提升信息系统智能化水平，为高质量高效率知识产权审查提供技术保障；搭建知识产权公共信息服务平台；积极参与信息化国际领域合作，扩大国际影响力，开拓国际信息化领域合作新局面。

完善知识产权运营服务体系。运用互联网思维全面审视创新未来发展趋势，通过交易集聚、市场统一、信息公开、规则透明、流程规范的知识产权运营公共服务平台，面向个人、企业、大学、科研院所等创新主体，企业、投资方等应用主体，知识产权运营机构，代理、评估、交易、法律、担保、金融等服务机构，以及各级政府、行业协会和高新园区等用户提供信息共享、互联互通和运营管理等线上线下服务，为“大众创业、万众创新”蓬勃发展构建高效便捷的知识产权运营服务体系。

建设功能强大的知识产权公共服务平台。设立知识产权公共服务建设专项资金。完善知识产权公共服务平台，全面提升大数据下信息系统的智能化、高速化、标准化水平。完善专利基础信息资源开放系统，增强专利数据的完整性、准确性和时效性，实现专利基础数据信息、商标基础数据信息等各类知识产权基础信息的全面开放。加强面向企业的专利信息推送服务。健全知识产权公共服务标准，大力支持公共服务资源的汇聚和整合。建立知识产权公共服务供给绩效评价机制。

建设知识产权综合管理和保护信息平台。利用信息化等新手段建立科学、高效、统一、全面的综合信息平台，实现知识产权公共信息服务、知识产权综合保护、知识产权综合管理和知识产权产品监管等功能的综合集成，实现知识产权信息的跨部门、跨区域的协同互动和资源共享。

改善知识产权服务业及社会组织发展环境，提高行业协会和服务机构服务水平。积极做好从业人员的培训工作，不断加强职业道德与纪律规范的约束，完善专利商标代理从业人员执业信息披露制度，加强相关信息动态公开。扩大知识产权信息开放。完善知识产权基础信息采集制度。规范知识产权信息采集程序，提高信息准确性。完善知识产权许可的信息备案和公告制度。扩大知识产权基础信息公开和利用。加快建设知识产权信息公共服务平台，实现专利、商标、版权、集成电路布图设计、植物新品种、地理标志等基础信息免费或低成本开放、互联互通。建设知识产权信息服务网点，建成知识产权信息公共服务网络。建设行业知识产权信息库。扩大知识产权公共信息服务供给。

积极构建公正有效的知识产权交易秩序。逐步实行统一的知识产权标准体系，强化知识产权交易平台建设，活跃交易市场，提升交易功能，服务实体经济。

（五）知识产权国际合作推进

国际化背景下的知识产权强国建设，意味着我国不仅要成为全球原创性知识的发源地、创新资源的聚集地、知识产权保护体系与环境对全球创新主体具有吸引力、知识产权与创新成果对全球具有重要影响力，还意味着我国的创新与知识产权活动主体能够走出国门、在全球范围内配置创新资源，创造、运用知识产权并获取收益，从而实现其价值最大化。国际化背景下的知识产权强国建设，对中国参与全球创新治理体系，特别是知识产权治理体系也提出了更高的要求。作为知识产权强国，不仅应该在全球知识产权的创造、运用和价值实现上占据重要地位，同样应该在知识产权治理规则和制度体系建设上有所作为。[①] 因此，我国知识产权强国建设应当高度重视知识产权国际合作，从战略的角度去认识我国所处的国际环境以及在国际知识产权规则变革中的地位和作用，明确我国国际合作战略，探索中国特色知识产权国际合作的新思路和新体制，在国际规则制定中发出更多中国声音，注入更多中国元素，推动国际知识产权规则朝着普惠、包容方向发展，维护和拓展我国发展利益。

1. 项目目标

立足中国、面向世界、服务发展，为实现我国积极参与并应对经济全球化进程提供战略保障。努力推动普惠包容、平衡有效的国际知识产权秩序的形成。维护国家安全，保护我国产业和企业的海外权益，促进我国国际竞争力和影响力的提高。[②]

2. 项目内容

推动建立知识产权全球治理新结构。坚持发展中国家的地位与立场，同时树立大国信心，团结和联合发展中国家，积极主动提出立场主张，提倡“包容、互惠、平衡”的知识产权理念，推动建立以“保护权利”和“促进发展”为核心的知识产权全球治理新结构。

制定知识产权国际战略。为有效应对知识产权对外谈判和涉外事务，更好地维护我国国际利益，将知识产权国际化纳入国家战略，从战

① 参见国家知识产权局重大项目2015年重点课题“知识产权强国建设战略任务研究”。

② 参见国家知识产权局重大课题“后TRIPs时代全球知识产权格局变革与未来走向”。

略的高度认识知识产权国际化的重要性,明确战略目标,设计有效的战略举措,从根本上维护国家利益。制定差别化的知识产权国际化战略,加强与发展中国家的沟通协调,构建发展中国家知识产权沟通协调机制。积极参与知识产权国际规则的制定,提升我国应对知识产权国际纠纷的话语权与主导权,在知识产权国际规则的重构中发挥应有的影响力。在此基础上,建立更高级别的知识产权谈判协调机制,统筹协调对外谈判工作,成立涉外知识产权事务协调工作组,逐步建立起一套跨部门、跨国界的高效完善的谈判机制,定期开展部级会商,加强各部门间信息沟通,发挥各自专长,形成联动,应对知识产权对外谈判与涉外事务。

坚持知识产权多元发展。《跨太平洋伙伴关系协定》《跨大西洋贸易与投资伙伴协定》等充分表明发达国家正在推进知识产权保护标准和实施措施的统一。支持发展中国家知识产权多元发展,坚持地域性和最低保护标准是知识产权国际规则的基础,每个国家和地区应当允许通过有利于其特殊情况和社会约束的方式履行国际条约的义务,尤其是知识产权实施是典型的地域性问题,允许不同的发展中国家采取不同的知识产权发展路径。

提高知识产权国际规则制定的话语权。知识产权的国际规则通常包括两个方面的内容,一方面是与贸易相关的知识产权规则,包括TRIPs协议、TPP中涉及的知识产权条款等;另一方面是知识产权本身的规则,包括《巴黎公约》、WIPO框架下的PCT、《马德里公约》、《海牙协定》等。目前,知识产权国际规则出现了两个方向的探索。一方面,贸易相关的知识产权规则仍然是发达国家用以限制新兴经济体的重要手段,发达国家试图走到TRIPs-Plus阶段,建立一个更有效的国际知识产权执法机制。另一方面,广大发展中国家也积极投身世界知识产权的规则制定之中,WIPO发展议程、《生物多样性公约》的签署、《多哈宣言》的通过、强制许可的实践不断在发展中国家普及等,成为广大发展中国家修正 TRIPs 协议的努力方向。我国应谋求参与知识产权国际规则变革的主动权。加强与世界各国、国际组织合作,积极参与知识产权国际规则谈判,致力于国际条约的谈判和修订,发挥建设性作用,积极维护我国政治、经济和文化利益,积极把握参与知识产权国际规则重构的各种机遇,努力提升知识产权国际规则制定的话语权和影响力,引领国际规则变化。强化对外贸易中的知识产权的保护与运用,积极主动参与国际知识产权事务交流对话与合作,不断拓展知识产权大国外交新格局,加快推进知识产权战略全球化步伐。

创新知识产权国际合作新模式。推动知识产权国际布局与开发合作水平,深化对外贸易、对外投资与对外知识产权布局。创新对外投资合作方式,带动我国产品、技术、标准与服务的出口。支持有能力的知识产权运营企业在国外开展知识产权运营。引导企业在境外注册商标,积极培育知识产权国际知名商标。鼓励企业以进口、境外并购、国际招标、招才引智等方式引进先进技术与知识产权。支持企业、研发机构和行业组织积极参与国际标准制定,大力推行我国标准国际化。

加强知识产权公共外交。加强驻外使领馆知识产权工作力度。在主要国家、国际组织派驻知识产权外交专员,形成全球性知识产权专员网络,有效运用知识产权维护国家利益。充分发挥政府知识产权外交主渠道作用,加大知识产权外交资源投入力度,使知识产权对外交流与国际经贸投资的国际布局相匹配。充分发挥行业协会、公共智库等社会组织独特作用,利用民间渠道加强知识产权公共外交,鼓励我国行业协会、各类智库和社会组织直接参与知识产权国际交流与合作,促进国际社会对我国知识产权现状的了解、认识和认同。设立驻欧美日等发达国家知识产权研究机构,跟踪把握知识产权变革新动向,认清知识产权国际新形势,及时制定应对策略。

加强企业海外知识产权保护。强化涉外知识产权实务统筹协调,完善海外知识产权信息交流机制。继续完善和推进以政府为主导,企业、行业中介组织、研究机构和驻外经商机构共同参加的海外知识产权保护服务网络，健全海外维权和争端保护机制，提高企业的知识产权保护意识和海外维权能力。完善知识产权海外维权及预警机制。发布海外知识产权信息预警，开展重点行业知识产权竞争与布局调查，建立涉外知识产权重大纠纷协调处理机制，加强境外展会知识产权保护工作。重点引导和支持产业领域开展技术预警分析，定期发布重点产业专利发展态势分析报告，明确关键共性技术现状和竞争对手知识产权布局，掌握知识产权竞争前沿并分析关键突破口，引导企业开展对产业发展具有关键影响的共性技术和关键核心技术的知识产权布局和战略储备，增强企业核心竞争力。加快培育以知识产权为核心内涵的国际竞争新优势。强化对重点行业出口的知识产权分类指导，加快推动传统产业优化升级，支持出口企业提升产品自主知识产权含量，推动向产业链和价值链高端迈进。加强知识产权对外战略布局，强化产业知识产权和技术标准前瞻布局，充分发挥知识产权对于经济和产业发展方向的引领性作用，提升国际保护能力和中长期影响力与控制力。开展重点领域知识产权战略布局研究，引导产业发展定位。打造国际知名品牌，积极参与国际标准制定，进一步增强国际竞争力。

（六）知识产权人才文化支撑

目前，我国社会公众、创新主体知识产权意识显著增强，全社会尊重知识产权的文化氛围正在形成，知识产权人才培养工作取得了长足的进展，“十二五”时期，知识产权相关从业人员数量超 50 万人，专门从事代理、审查、管理、服务和教学科研的知识产权人才达到 15 万人，形成了一批具有较高素质的高层次知识产权人才队伍。但是，我国知识产权文化环境整体上仍不能适应努力建设知识产权强国、为建设创新型国家提供有力支撑的需要，存在理论学术界知识产权文化研究有待加强，大中小学校教育中知识产权内容亟待纳入，市场主体勇于创造、敢于创新的文化氛围不够浓厚，社会公众保护知识产权的自觉意识、维护知识产权制度的行为规范尚未普遍形成等不足，知识产权人才队伍的数量和质量还不能满足我国知识产权事业发展的需求，人才数量仍相对匮乏，人才知识结构相对单一，人才培养方式需进一步拓宽，人才培养力度需进一步加强。构建“大宣传”格局，推动知识产权文化繁荣，继续完善人才培养体系，健全人才评价和发现机制，提升我国知识产权“软实力”，是知识产权环境建设和支撑工作的重点和长远目标。

综合来看，我国当前知识产权发展的支撑环境与强国建设和强国状态的差距相对较大，文化建设和人才培养是为完善知识产权制度、提升知识产权审查能力、严格知识产权保护、知识产权促进产业经济发展、知识产权国际影响力提升等方面提供环境支撑的重要手段。

1. 项目目标

知识产权人才资源总量持续稳定增加，人才队伍结构和布局全面优化，人才能力素质全面提升，人才发展环境全面优化与完善，人才使用效能极大幅度提高，培养和引进知识产权专利分析等四类专业化、复合型人才。繁荣知识产权理论研究和文化出版市场，形成公平竞争、诚信经营、创新发展的市场环境，培育全民“尊重知识、崇尚创新、诚信守法”的核心价值观，建设全社会尊重法律、尊重权利、平等竞争、有效运用的知识产权文化。

2. 项目内容

(1)强化知识产权人才队伍建设

完善人才评价与激励机制，建立科学的知识产权职业分类体系，研究各类知识产权人才能力素质标准，积极推动知识产权专业技术职务任职资格评审、专利管理师、专利信息分析师职业能力认证制度以及企事业单位知识产权人才评价制度。

完善知识产权人才队伍体系。突出培养和造就一支知识产权领军人才队伍,引领知识产权事业发展。加快企业知识产权管理、知识产权运营、专利信息分析和知识产权国际化人才等方面的急需紧缺人才培养。统筹推进知识产权行政管理和执法、专利审查、企业、服务业、高校科研机构知识产权人才等各级各类知识产权专业人才队伍全面发展,为知识产权强国建设提供支撑和保障。

制定实施知识产权人才重大政策。加强知识产权学科建设,研究设立知识产权一级学科,加大知识产权专业研究生培养力度,探索开展产学研联合培养知识产权人才模式和途径。建立人才引进和使用过程中知识产权评议和鉴定机制。制定专利审查、代理、管理和信息分析等知识产权专业人员能力素质标准,探索建立全国统一的知识产权管理职业水平评价制度。将知识产权审查登记及相关人员纳入专业技术类公务员管理。建立政府部门、国有企业、高等院校和科研机构间人才"旋转门",实施人才到基层服务和锻炼的政策机制,引导人才向西部地区、中小微企业等知识产权事业发展需要的地区和行业流动。加大知识产权人才培养投入,建立人才投入逐年增长机制。

推进知识产权人才重大工程项目。依托国家自主创新区、自由贸易试验区、京津冀协同发展区等区域,建立知识产权人才发展试验区。统筹协调和整合知识产权专家库等各方知识产权咨询、研究等力量,建设形成多层次、多样化的知识产权智库体系。以国家知识产权培训基地为核心,集成高校科研院所、企业和知识产权服务机构,建立一批知识产权产学研协同人才培养基地。构建政府部门、高等院校和社会培训多元教育培训组织体系,加强师资、教材、远程培训等培训基础建设。加强党员领导干部、企业家等人员的知识产权培训。

创新知识产权服务业人才培养模式。完善知识产权服务相关学科设置,鼓励校企合作培养知识产权服务人才。支持民间智库建设,开展知识产权服务业理论、商业模式的研究应用。依托著名高校、跨国公司、条件较好的服务机构,建立知识产权服务高端人才实训基地。加强知识产权服务高端实务培训，在知识产权服务品牌机构高层人员中选拔领军人才。鼓励教育培训机构、社会管理咨询集团开展知识产权职业培训和继续教育。鼓励互联网、情报、法律、金融、教育、会计、培训等领域人才与知识产权服务人才合理流动、跨界交流。开展知识产权服务业专业技术人员继续教育，纳入专业技术人才知识更新工程。将知识产权服务业高层次人才的培养引进纳入相关人才计划和人才引进项目。建立完善知识产权服务业从业人员职业水平评价制度。制定知识产权服务业人才职业等级标准，建立相应的培训体系、考试体系和评价体系。开展知识产权服务业人才职业技能培养和评价试点。

(2)培育与繁荣知识产权文化

培育全民"尊重知识、崇尚创新、诚信守法"的核心价值观，推动尊重知识产权、保护知识产权和维护知识产权的观念深入人心。建立新闻媒体支撑、社会公众广泛参与的知识产权宣传工作体系，推动知识产权宣传普及。

繁荣知识产权文化学术理论研究。通过开设课题研究、举办征文活动、开展文化调研及专题研讨、主题沙龙等活动，鼓励、支持教育界、学术界广泛参与知识产权文化理论研究，研究知识产权文化建设的新情况和新问题，推出优秀知识产权研究成果和普及读物，繁荣学术和出版氛围，引领社会广泛参与和探讨知识产权文化建设，扩大知识产权文化的社会影响力，支撑和促进中国特色知识产权文化建设。

拓宽知识产权文化教育培训渠道。推动将知识产权内容纳入中小学教育课程体系，在中小学校开展知识产权教育试点示范工作，鼓励高校开设知识产权课程以及有条件的高校、科研院所开展知识产权学历教育和继续教育，引导各类学校开展创新大赛、漫画和视频大赛及征文活动等竞赛活动，充分利用学校网络、宣传橱窗以及墙报板报等平台，把知识产权文化建设与大中小学生思想道德建设、校园文化建设、主体教育活动紧密结合，增强各类学校学生的知识产权意识和创新意识。

加强大中小学、各级党校及行政学院师资培训,推动将知识产权知识纳入各级党校、行政学院培训内容。

加大知识产权文化宣传普及力度。发挥各级政府引导作用,加大对地方的支持力度,推动"全国知识产权宣传周活动"进市、进县,打造宣传品牌。鼓励支持广播、电视、报纸、杂志、网络等各类媒体开设固定栏目,倡导各级政府建立微博、微信、客户端等自媒体平台,及时充分宣传报道知识产权新闻,引导社会舆论。通过开展有奖征稿、征文比赛等活动激发公众创作热情,支持创作兼具社会及经济效益的知识产权题材影视等作品;制作适合新媒体传播的系列知识产权普及读物,增强知识产权文化传播普及活动的针对性和实效性。开展社会公众知识产权文化素养调查,充分运用公益广告宣传知识产权文化核心观念。

加强知识产权文化国际合作交流。进一步拓宽对外宣传渠道,加强与有关国际组织、外国有关政府部门、专业机构、民间机构以及媒体的交流与合作,积极借鉴国外知识产权文化普及推广经验,宣传我国知识产权事业进展,释疑解惑,加深相互理解。

三、强化新业态知识产权保护

新业态下,技术、概念、模式不断发生着创新性的改变。与此同时,侵害创新成果的行为也在不断创新。新业态是传统产业组织方式经过变革后的新表现,并不是一个新的产业,是在新技术的创新及推广应用、新的消费需求显现或者被挖掘,新的规制变革等多种因素综合作用下形成新的产品、新商业流程、新服务模式等全新业态,比如,软件 PC 端、手机端等。但产品和服务的内容相较于传统模式又增加了很多,更加容易侵犯到他人的专利权、商标权、著作权等,使得新业态新领域侵犯知识产权风险日益增加。从我国知识产权司法保护实践来看,近年来,知识产权纠纷案件数量高速增长,其中约半数涉及版权,而在版权纠纷案件中,涉及网络的又大约占一半。随着电子商务的大规模发展,涉及网络的商标纠纷案件增长更快。对这些领域加强法律保护,特别是加强知识产权保护的呼声日益增强,加强知识产权保护已成为世界各国普遍面临的新问题、新挑战。

(一)新业态的概念与内涵

1.基本概念

“领域”,出自(南朝宋)刘义庆《世说新语·文学》,有生物学概念、数学概念等多重意义。主要有两种含义,一是指一国主权所达之地,二是指从事一种专门活动或事业的范围、部类或部门。本书中的领域指的是第二种含义。

“业态”,来源于日本,是典型的日语汉字词汇,大约出现在20世纪60年代。业态原本用于零售业,指在提供产品和服务过程中所形成的经营形态,如百货店、连锁店、超市等。萧桂森在为清华大学职业经理人培训中心编写的教科书《连锁经营理论与实践》中,给业态下的定义是:针对特定消费者的特定需求,按照一定的战略目标,有选择地运用商品经营结构、店铺位置、店铺规模、店铺形态、价格政策、销售方式、销售服务等经营手段,提供销售和服务的类型化服务形态。

“新业态”“新领域”是与传统业态、传统领域相对出现的概念,目前阶段的“新”主要体现在信息和互联网技术对传统业态的影响与改造。因此,我们认为,新业态的概念应该是指基于不同产业间的组合、企业内部价值链和外部产业链环节的分化、融合、行业跨界整合以及嫁接信息及互联网技术所形成的新型企业、商业乃至产业的组织形态。由此产生的新的人类活动的范围、部类或部门即为新领域。

2.基本内涵

新业态新领域的内涵主要体现为:“新产业、新发展;新业态、新动能;新模式、新方向。”

(1)新产业、新发展

以“互联网+”为代表的新经济蓬勃发展,推动通信、社交、金融、制造等诸多行业呈现出一系列新业态。当前业态创新形成了诸如电子商务、智能制造等多类新业态,技术创新与业态创新,推动了经济增长走生产效率全面提升、集约高质的内涵式增长道路。

(2)新业态、新动能

新业态是推动产业迈向中高端的强大动力。从产业发展的客观规律看,每个产业都要经历“初创、成长、成熟、衰退”的演变进程,而新旧业态的更迭则可以保持产业生命力、实现产业螺旋式上升。只有依托新业态,才能更好地围绕新需求提供更高效的供给,才能更有效抢占产业链高端环节,提升产业竞争力乃至区域竞争力。

以往中国经济发展采取了规模扩张为主导的粗放模式,不仅消耗了大量能源资源,带来严重的环境影响,而且在质量效益、结构优化和可持续发展等方面,相较美国、德国、日本等制造强国仍有较大的提升空间。总体来看,中国制造在全球价值链上处于中低端地位。随着中国经济进入新常态,传统比较优势弱化,人口红利消退、综合成本上涨、土地等要素供给紧张、资源环境压力加大,导致实体经济领域出现产能严重过剩、企业库存增加、经济效益下降、亏损面扩大等问题和困难。现阶段,中国制造受到来自发达国家创新步伐加快、新兴产业群体性推进与发展中国家低成本竞争的双重挤压,迫切需要加快创新驱动,实现发展模式转变,形成发展的新动能。2017 年 2 月 21 日,商务部在国新办举行的供给侧改革促消费、“一带一路”引领对外开放情况发布会上表示,我国外贸正在实现由大到强的历史性转变,以技术、标准、品牌、质量、服务为核心的外贸竞争新优势加快形成,新技术、新业态、新模式正在成为外贸发展新的动能。而创新成果则需要通过知识产权的手段来有效保护,维护创新创业者的创新热情,激发新业态新领域的创新动力。

(3)新模式、新方向

随着"互联网+"行动的展开,各个产业都在形成新业态。例如在大数据领域,步入移动互联时代以来,数据已经渗透各个行业领域,成为推动经济社会发展的新要素。围绕大数据,重点在两个方面形成了新业态。一是大数据的开发应用。如近年来兴起的法律O2O平台,即以法律、法规以及各类案件为数据库,开发形成法律大数据服务这一新业态。二是智能终端与物联网。随着各类智能终端的快速发展,以物联网为核心的新架构推动产生一系列新业态。未来要围绕大数据领域,进一步做大做强大数据链,加快提升大数据开发、应用以及云服务能力,进一步提升信息化水平,推动信息化与工业化深度融合。

3. 催生因素

信息技术革命、消费者需求倒逼、产业升级是推动新业态产生和发展的三大重要因素。

(1)信息技术革命

历史经验表明,每次产业革命都会催生一批新商业模式和新业态。工业化和现代化发展历史上,信息技术革命对产业发展产生了广泛深入的影响。目前已经出现或还未出现的新业态,就是在信息技术发展的产业化和市场化应用中形成和发展的。首先,信息技术形成电子信息产业,引发产业形态和模式创新。20世纪后期飞速发展的电子信息产业是新业态出现的重要背景。从个人电脑到互联网,再到云计算、物联网和大数据,以及目前方兴未艾的基于5G的移动互联,电子信息产业发展的每一个阶段都催生出了大量的新业态。其次,信息技术和第一、第二产业以及其他服务的融合催生了许多新业态。特别是在制造业方面,信息技术和制造业中研发设计与营销服务等生产性服务环节的融合发展,极大地提高了这些环节的效率水平,提升了其在产业链中的地位和附加值,同时也导致了产业链两端生产服务环节和加工制造环节的分离,新的产业分工快速推进,引发了大量的新业态和新商业模式。最后,信息技术自身的发展以及与制造业的融合互动,强化了产业链不同环节之间以及不同产业链之间的互动关系,企业之间的关系网络也在互联网技术支持下发生变化,而这种变化同样会催生新业态。

(2)消费者需求倒逼

除了受到技术变革的推动,消费者需求产生的倒逼机制在业态更新中也发挥着重要作用。中国经济的发展经历了从产品为王到渠道为王再到终端为王的阶段。终端为王的实质,是灵魂深处的欲望革命,如何捕捉到分散的欲望碎片,是当今企业经营最大的难题。随着移动互联的出现,1 对 1 推荐和 1 对 1 精准营销已经成为不可回避的商业现实,由于不同细分市场甚至是单个个体的顾客个性化需求有所不同,因此,企业所提供的产品和服务,其价值主张和满足程度也有所不同,一旦需求发生变化就会成为企业拓展新业态的重要机会。

(3)产业升级

在产业升级换代的大背景下,如何推进产业转型升级和科技创新、改造提升传统产业、转变产业发展方式、提升产业发展层次都指向了如何发展新业态的问题。在产能过剩的今天,制造已经不再成为利润区,渠道的创新以及需求的创造成为新的经济效益的增长点,更为便利、方便和充满快乐体验的消费方式的需求已经快速替代了获得质量优良的产品的需求。以文化产业发展的三个层次为例:第一类是传统意义上的文化产业,如传统旅游业、文艺演出业、民族传统节庆和传统工艺品等;第二类是以电子与纸质印刷为基础的广播、电视、电影、新闻出版等常态文化产业;第三类是数字化、互联网等高新技术支撑下,以“创意”“创新”为核心的创意产业新业态。创意产业是传统文化产业发展的更高阶段。如何从“前产业”形态进入产业经济发展阶段,并进而达到现代产业管理与高端产业的发展层次,提高文化产业规模化、集约化、专业化水平,实现文化产业自身的升级换代,是文化产业目前必须关注的问题。利用互联网数字化高新技术，以创意创新为核心，培育新兴业态，是实现文化产业升级换代的重要途径。文化创意产业高速发展的根本动力之一就是数字化三网支撑的新兴产业形态的引领和推动，得益于高新科技的支撑，得益于“创意”的“引爆”作用，也得益于良好的金融服务业的助力。

4. 主要特征

2017 年 7 月 17 日，习近平总书记在主持召开中央财经领导小组第十六次会议时发表的重要讲话指出“要加快新兴领域和业态知识产权保护制度建设”，对加快建立健全新兴领域和业态的知识产权保护制度提出了明确要求，为新一轮科技革命和产业变革下新兴领域和业态的知识产权保护工作提供了重要依据。

(1)知识产权密集度较高

纵观世界文明史，人类先后经历了农业革命、工业革命、信息革命。每一次产业技术革命，都给人类生产生活带来巨大而深刻的影响。当今世界，科技进步日新月异，互联网、云计算、大数据等现代信息技术深刻改变着人类的思维、生产、生活、学习方式，深刻展示了世界发展的前景。

如上所述，包括互联网在内的新兴领域和业态的科学技术密集度高，知识产权敏感性大，属于“知识产权保护前沿问题”。如此背景下的新兴领域和业态包括互联网的产业与企业，往往知识产权基因浓厚，知识产权“血脉偾张”，呈现出“核心专利为根，著名品牌为神，知识产权为魂，无形资产为本”的时代特征。

(2)知识产权影响力深远

知识产权保护，是塑造新兴领域和业态之良好营商环境的生命线和护身符。无论是对于营商环境中市场主体的商业信誉及商品声誉，还是对于营商环境中市场运行的规则及生态基准，知识产权及其保护重要性日益凸显，在新兴领域和业态中塑造良好营商环境，首先必须重视和强化知识产权保护。

随着互联网时代的到来，应从立法、司法、行政执法等多维度加强新业态新领域的知识产权保护，为塑造良好营商环境，加快建设开放型经济新体制提供制度保障。

(3)知识产权维权难度大

移动互联网为知识产权的发展提供了便利的同时，也为知识产权侵权行为逆向、多点侵害提供了契机。近年来，随着互联网技术的快速发展，互联网知识产权侵权现象呈现多发、高发态势，新型法律问题不断涌现，如深圳快播公司侵权被罚 2.6 亿元、GUI 外观设计专利第一案、搜狗与百度输入法专利侵权案、共享单车专利侵权第一案……最高人民法院报告显示，2016 年人民法院新收知识产权民事、行政和刑事案件数量大幅增加，其中互联网领域的商标、著作权、专利权纠纷占比明显提升。

当前，世界正处于一个知识产权制度不断完善和知识产权保护愈演愈烈的时代。在互联网时代，技术、概念、模式不断发生着创新性的改变。与此同时，侵害创新成果的行为也在不断创新。因此，保护创新成果的手段、思路、方法、理论也需要不断创新。这样知识产权制度才能与时俱进，才能不断适应科学技术进步的新生态。

(4)“跨界”问题不断增多

2015 年，中国提出了“互联网＋”的国家战略，推动移动互联网、云计算、大数据、物联网等与现代制造业结合，引导互联网企业拓展国际市场。伴随着互联网时代的到来，新的商业形态、商业模式、商业方法不断涌现，给知识产权保护带来了空前的挑战。

互联网是无国界的，扩张性极强，侵犯知识产权的行为会十分迅速，证据消失得快。“网络的虚拟性使知识产权保护过程更为复杂。网络行为跨地域、跨国界，给知识产权监管、产生纠纷后的举证等带来许多不便。”

为此，近年来我国出台的政策举措中，对于互联网知识产权保护愈加重视。自2010年起，国家知识产权局和相关部委一道共同启动了电商领域打击侵权和制售假冒伪劣商品的专项行动，收效明显。以专利行政执法为例，2016年全国电子商务领域专利执法办案量达到1.31万件，同比增长71.4%。通过建立电子商务领域专利执法协作调度机制，跨区域执法协作得到进一步加强。

针对互联网领域侵权隐蔽性强、证据易灭失等问题，知识产权系统积极完善线上线下和跨区域执法协作机制，提高行政执法的效率。2016年2月，中国电子商务领域专利执法维权协作调度（浙江）中心正式启动，电商领域专利行政执法效率大大提升，有效解决了电商领域专利侵权跨省执法、线上线下割裂的痛点。

在互联网知识产权保护方面，我国互联网产业的宏大基础及其知识产权纠纷乃至于诉讼的多发频发，案例逼研究，实践出真知，已使得我国的互联网知识产权司法保护与行政保护走到了国际前沿。在全球性的互联网科技不断加速的进步背景下，新问题层出不穷，新形势变幻无穷。我国近年来互联网领域知识产权及其保护可谓厚积薄发，后来居上。

我们必须顺应互联网时代的特点，来改进和提升整个知识产权制度。要从立法、司法、行政执法等多维度加强新业态新领域的知识产权保护，加快建立健全新兴领域和业态的知识产权保护制度，营造良好营商环境，促进经济创新发展。

（二）新业态知识产权保护现状

随着互联网、大数据、云计算等新技术、新业态、新模式不断涌现，如何加强知识产权保护已成为世界各国普遍面临的新问题、新挑战，需要着力研究解决。国家知识产权局局长申长雨指出，如今我们正置身于数字信息时代，互联网、大数据、云计算等新技术新业态给我们的生产生活带来了深刻变革，但随之也带来了许多知识产权保护运用的新问题，需要我们顺应时代发展，找到切实的解决办法。国家知识产权局副局长贺化在第八届中国专利年会上指出："除了对专利、商标、版权进行保护外，还对传统知识、遗传资源，特别是对新业态、新领域出现的知识产权保护予以关注，从横向上看是对知识产权全领域进行全方位保护。从纵向上是对各个环节进行保护，包括注册登记、专利审查、司法审判、行政执法、社会监督等。"

1. 加强创新领域的知识产权保护需求日益迫切

新业态下，技术、概念、模式不断发生着创新性的改变。与此同时，侵害创新成果的行为也在不断创新。新业态是传统产业组织方式经过变革后的新表现，并不是一个新的产业，是在新技术的创新及推广应用、新的消费需求显现或者被挖掘，新的规制变革等多种因素综合作用下形成新的产品、新商业流程、新服务模式等全新业态，比如，软件 PC 端、手机端等。但产品和服务的内容相较于传统模式又增加了很多，更加容易侵犯到他人的专利权、商标权、著作权等，使得新业态新领域侵犯知识产权风险日益增加。新的商业形态、商业模式、商业方法不断涌现，给经济增长带来了活力的同时，也给新业态新领域创新成果的知识产权保护带来了空前的挑战，对推进知识产权法律法规完善的步伐，加强知识产权保护都提出了日益迫切的需求。

2. 国家高度重视对创新成果的知识产权保护

近年来，国家层面的战略规划、法规政策，以及地方层面的强省强市实施意见、"十三五"规划等，都将"加强新业态新领域等创新成果的知识产权保护"提升到了重要高度。

国家层面，从 2014 年李克强总理在政府工作报告中首次提出"互联网＋"的概念，到 2015 年底出台的《国务院关于新形势下加快知识产权强国建设的若干意见》和 2016 年底印发的《"十三五"国家知识产权保护和运用规划》中均提出，加强新领域新业态知识产权保护，研究完善商业模式和实用艺术品等知识产权保护制度，研究“互联网＋”、电子商务、大数据等新业态、新领域知识产权保护规则。

地方层面，概括起来，主要有探索地方立法研究、加大知识产权执法力度、创新执法监管、研究保护规则、出台保护办法、制定保护指南等政策措施。但这些政策措施在实践中的实施效果如何，需要进一步观察与梳理。

（三）新业态知识产权保护问题

新经济、新产业、新业态、新产品不断涌现并越来越活跃，对经济的支撑作用逐步增强。以共享经济为例，2016 年中国“共享经济”市场规模达 39450 亿元，增长率为 76.4%。新业态新领域蓬勃发展的同时，知识产权保护面临的挑战与问题也层出不穷。

1.“跨界”局面日益加剧

随着传统行业和新技术的结合，出现了跨界产品和跨界产业，突破了原有行业之间的界限，根据市场发展需求，不同厂商、不同行业、个人之间实现沟通合作，通过互联网为用户提供终端跨界、体验跨界和厂商跨界等跨界服务。多数新业态都具有鲜明的“跨界”特征，对知识产权保护提出了更高要求。以 3D 打印为例，伴随着 3D 打印技术快速发展，其可能引发的知识产权风险也随之浮出水面，3D 打印技术轻松复制、共享、修改的功能，以及这些功能所打印出的产品，引发了与《著作权法》《专利法》《商标法》《反不正当竞争法》等法律法规的兼容性与风险性问题。3D 打印技术连接了“软件世界”（数字作品）和“硬件世界”，而这两部分衔接的法律保护的缺失正是造成 3D 打印技术侵权案例发生的症结所在。

2.保护途径方式分散

新业态新领域商业模式相比于传统商业模式，一个很重要的区别就在于前者有技术的支撑，而后者对技术的依赖性较低。从我国目前对商业模式知识产权保护的情况来看，我国企业和法院大都通过诸如《著作权法》《商标法》《不正当竞争法》上零散的规定来解释对商业模式的保护，这种零散且极为有限的知识产权保护存在诸多限制与问题，如商业方法专利保护的法律依据不明确、著作权不保护思想创意、商标法侧重于对品牌的保护、商业秘密不适合保护商业模式创新等等，其保护还无法满足现实的迫切需求。

3. 利益诉求复杂多样

新业态背景下，跨界融合使得知识产权保护不仅涉及传统企业提供传统的实物产品和服务，也涉及互联网企业提供虚拟的互联网产品和服务，利益诉求更为复杂和多样。例如，复杂的关系促使原有商标衍生出新型的商标利用方式和商标价值，从而促使跨界融合所涉及的商标表达形式和利益诉求更为复杂与多样，可能在不同企业之间造成了商标冲突。这就导致原来的商标分类需要做进一步的细化调整，商标主体往往在已有商标类别和商标利益基础之上，对涉及互联网跨界融合范围之内的商标进行延伸使用，纷纷申请商标跨界注册，并随着互联网跨界融合范围和进程进一步加快而加速这一过程。这种商标跨界导致扩充原商标注册的类别和使用范围，容易在不同行业企业之间形成纠纷。

4. 侵权主体日益泛化

互联网技术快速发展，当所有网民都成为创意的来源，企业只负责汇聚创意，并将创意化为现实时，创意来源主体不特定不仅会导致对真正权利人知识产权保护的困难，同时对公平的利益分配模式提出新的挑战，还会导致侵权主体泛化。而侵权主体泛化的后果就是侵权现象频发，这就要求法律在制止侵权方面做出新的规定。

互联网无国界，扩张性极强，侵犯知识产权的行为会十分迅速，证据消失得快。网络的虚拟性使知识产权保护过程更为复杂。网络行为跨地域、跨国界,给知识产权监管、产生纠纷后的举证等带来许多不便。

5. 侵权责任认定困难

以互联网为依托的电子商务中第三方电子商务平台成了知识产权侵权案件的高发地带。网络环境的特殊性,使得权利人寻找直接侵权人追究损害赔偿责任变得困难和低效。要求第三方电子商务平台承担赔偿责任,成为权利人保护自己权利的现实途径。例如淘宝就专门设置了自己的"知识产权保护平台",投入大量的人力、财力来处理权利人对于知识产权侵权的投诉;设计了对用户账号的处罚规则,监控用户的行为模式,对于多次侵权的用户账号直接处以查封;推动"品牌抽检"等主动防控措施,打击知识产权侵权行为。但是这些已经超过法律对公平要求的行为仍旧没有得到各方利益主体的认可。

2016 年 12 月 19 日,《电子商务法(草案)》提请人大常委会审议。尽管这部法律在起草过程中已经多次征求各界意见,立法机关也曾召开过多次专家研讨会,但是围绕某些条款的争议依然很多。"平台责任条款"(《电子商务法(草案)》第五十四条)就是其中之一。该条款在商标保护适用时所面临的难题,《电子商务法(草案)》并未给予回应。且由于平台责任条款针对的是所有电子商务领域,虽然都是互联网平台,但商业模式的差异决定了它们彼此之间在市场结构、经营者行为的外部性、企业的预防成本等方面有着显著的区别。

(四)新业态知识产权保护需求

目前,新业态新领域内的知识产权主要通过专利、著作权、商标、商业秘密等形式来保护,它们从不同侧面都可以对新业态新领域的创新成果予以保护,但是,不同的保护方式有着各自不同的要求、形式、内容和价值。

1.著作权法的保护需求

因计算机软件是“互联网+”下的商业模式的实现载体，很多国家也借助于对计算机软件的保护方式来保护商业模式创新。采用著作权法保护计算机软件，是世界上比较通行的做法，计算机软件满足著作权法所要求的一般条件“属信号集合”“有独创性”“可复制性”和“属于文学、艺术、学术领域”。采用著作权法保护商业模式的主要需求如下。

(1)降低保护成本

由于著作权实行自动保护，涉及商业模式的软件一旦完成，其著作权就自动取得而无须履行任何审批手续，几乎无须任何的法律手续即可获得保护，并且只要软件能证明其独创性，即可获得保护，使商业模式比较容易受到著作权保护，同时，著作权具有排他保护的特点，复制权是著作权法赋予权利人的一项重要权利，排除他人未经允许复制其作品，在很大程度上已能够对抗盗版等不法行为。

(2)突破思想与表达二分法

由于著作权法保护的是作品中构思的表现，至于作品中的构思本身则不属于其保护对象，对涉及商业模式的软件的著作权保护不能扩大到开发商业模式相关软件所用的思想、概念、发现、原理、算法、处理过程和运行方法。而创意构思部分恰恰是商业模式的核心，比其软件表现程序更为重要，他人完全可以借用另一编程语言独立完成相同或相似的作品而得到著作权法的保护。因此，商业模式的著作权保护需求主要表现在突破思想与表达二分法原则，要求保护商业方法和商业模式本身的创意和构思。

(3)缩短保护期限

根据著作权法规定的权利保护期限至少为50年，为了适应商业模式相关的软件技术日新月异的发展趋势，迫切需要缩短对商业方法和商业模式的保护期限，适应商业方法和商业模式的技术创新周期较短的特点。

2. 商标法的保护需求

商标法对商业模式的保护作用主要在于区分商业模式的不同来源，维护不同竞争者在商业模式竞争上的正常秩序。商标可以帮助用户来区分其商业模式服务来源，可以基于对服务来源的认识，用商标来判断商业模式的好坏，对商业模式的推广应用更具价值。但是，对商业模式本身的创新性而言，商标保护并不保护商业模式内在的运行构思，并不满足对于商业模式创新的保护需求。因此，商业模式对于商标法的保护需求主要集中体现在维护商业模式竞争的正常秩序上，防止模仿商业模式的商标产生的“搭便车”情形。

3. 商业秘密的保护需求

采用商业秘密保护商业模式创新也是许多国家采用的方式之一，通常与合同法、反不正当竞争法结合起来使用。商业秘密是指不为公众所知悉，能为权利人带来经济利益，具有实用性并经权利人采取保密措施的技术信息和经营信息。商业模式作为一种经营管理的方式，当然也可以选择作为商业秘密来保护。通过商业秘密来保护商业模式的主要需求如下。

（1）实现对于创新构思的保护

商业秘密不仅可以保护创新的表达，还可以保护创新的构思，是最宽泛的保护方式。

（2）实现对商业模式的秘密保护

商业模式属保密内容，通过正常途径，通常无法对商业模式进行复制、抄袭；并且可以立即生效，无须像专利权一样需要申请，还可以向任何国家或地区愿意使用其商业模式的公民、法人、非法人组织颁发许可证，收取许可费，无须获得各国许可。

（3）增强商业模式保护的安全性

为了适应当前移动互联网飞速发展的现实需要，企业一方面需要极力推广其商业模式,另一方面需要增加商业模式的保密性,防止其商业秘密受侵犯,维护商业模式保护的安全和秩序。

4. 专利法的保护需求

新业态新领域关于商业方法和商业模式创新的保护需求不仅体现在商标法、著作权法、商业秘密的法律保护上,还体现在专利法的保护需求上。在对于商业模式和商业方法的专利保护需求中,主要集中在商业模式侵权纠纷处理中对专利行政执法的依赖程度较高,在诉讼目的上国有企业比较倾向达成和解,而外资企业则比较愿意达成许可和要求对方停止侵权。不同性质企业对于目前商业方法和商业模式保护的具体需求也不太相同,外资企业迫切要求提高专利行政执法的执行力度和侵权赔偿额,降低侵权的诉讼成本;而民营企业迫切需要降低立案难度,国有企业则对降低立案难度的需求不大。

(五)新业态知识产权保护国际规则

放眼国际,虽然新业态新领域的新技术层出不穷,但是知识产权国际规则并未受到根本性挑战。从美、欧、日、韩等主要国家和地区来看,美国知识产权保护规则以其特有的案例法来进行探索与回应,《欧洲专利公约》(EPC)的成员国在经历了怀疑和观望之后开始跟随美国,日本和韩国在美、欧所推动的国际潮流之中,也发展出了自身的一套规则。下面将以商业模式的知识产权保护为例,梳理美国、欧盟、日本、韩国知识产权保护的相关规则。

1. 美国

美国专利及商标局(USPTO)在1998年后约10年间共授予1万多件商业方法专利,那么其经济和社会效果如何呢?美国费城联邦储备银行的研究人员曾就它对美国经济尤其是金融业的影响开展研究。即使在商业方法专利应用广泛的金融和电子商务两大领域,并未有证据显示商业方法专利对于产业带来了更多的研发投入和利润回报，相反地，它却带来了无休止的诉讼和商业经营的不确定性，增加了企业经营和产业发展的成本。这些都是商业方法专利引起人们较多反感和批评的原因所在。

2010 年 6 月 28 日，美国联邦最高法院（以下简称最高法院）对 Bilski 案进行全席审理后做出了最终决定，认为案涉"能源风险管理方法"属于不可专利的"抽象概念"，从而否定了联邦巡回上诉法院将"机器或转变测试法"（MOT 测试）作为判断"何谓方法"唯一测试法的观点，而是基于所涉发明属于"抽象概念"作出判决，且并没有清晰界定"抽象概念"的定义，只指示美国联邦巡回上诉法院（CAFC）发展出其他以促进《美国专利法》为目的并且与《美国专利法》文本一致的限制性标准。针对这一状况，CAFC 在此后的系列案件中诠释了"抽象概念"例外这一基本标准，并形成了基本稳定的判例体系。Bilski 案及其后判例构成了美国商业方法专利适格性标准的最新脉络，对于商业方法专利的发展图景有着显而易见的影响。

《美国专利法》第 101 条强调在方法、机器、制品或组合物范畴中的"任何"标的及"任何"改良都可以寻求保护，最高法院于 Bilski 案中也再次强调，前述双重的"任何"用语显示国会对专利客体赋予宽广法定范围的立场。因此，《美国专利法》第 101 条是富于活力的条款，应可以用于涵盖那些新的不可预见的发明。在实际案例中，"MOT 测试"可能能够为那些与工业时代的发明（具有物理或有形形式的发明）相类似的方法发明提供充分的依据，但是，有足够的理由怀疑，这一测试法是否应该成为判断信息时代发明可专利性的唯一标准。使用这种明确的、同时却也较为极端的测试法评估新兴技术，将可能威胁到《美国专利法》的更大目的——为那些并未侵犯公共领域的有价值的发明提供专利保护。在判断一些先前未能预见到的发明是不是可专利的方法时，Bilski 案指示可以寻求新的测试法。将方法专利冻结在旧技术领域，而不给新的迅猛发展的技术留有余地不是专利法的目的。因为刚性的适格性判断方式常常会让专利申请与审查的重心错置于专利请求项的撰写形式，而忽略了“在不侵犯公众利益下保护有价值发明”这样一个更重要的目标。所以，最高法院否定了对商业方法专利的全类别排除，也认定“MOT 测试”不能作为决定方法专利标的适格性的唯一手段，显现出专利适格性问题上“明线规则”的弱化。

因此，面对涉及商业方法软件专利，美国法院在 Bilski 案后的判例中从更为基础、更具包容性的禁止先占“抽象概念”标准出发，发展出灵活且务实的判断规则，以推动信息化时代的软件产业发展。最高法院的观点非常直接地说明了这点，他们认为对于在工业时代发明的方法而言，机器或转换标准可能是足够的，但是对于信息时代的很多发明来说，包括软件、医疗诊断方法、基于线性规划或数据压缩或数字信号操作的发明等，在判断其可专利性时，该标准却可能带来不确定性。这个(信息)时代把创新的可能性放到更多的人手上，为《美国专利法》带来了新困难。随着更多的人尝试革新和为其发明寻求专利保护，《美国专利法》面对着在两者之间维系平衡的极大挑战，一是保护发明人，二是不对其他人可以独立地和创造性地应用基本原理所发现的方法赋予独占性。

2. 欧盟

面临着商业方法专利化的国际潮流，很多国家或地区做出了策略选择。EPC 规定单纯的商业方法不是可专利主题。依据其判例法和审查实践，商业方法需要与“技术特征”相结合，才可成为适格主题。相应地，欧洲多国都有类似的严格规定，如《英国专利法》明确规定商业方法不可专利。一般认为，EPC 和欧洲多国的专利制度基本秉承了《英国专利法》的“技术”维度，这与 USPTO 和美国联邦法院强调不以“技术领域”为要素判断可专利主题形成鲜明对照。

在 EPC 第 52 条第(2)款中，商业方法被定义为经营业务的计划、规则和方法。其他定义为:“商业方法涉及人、社会与金融之间关系的任何主题,具体可以包括以下内容:调查用户习惯的方法,市场营销的方法,服务的方法,记账方法,开发新市场和新交易的方法,服务的分配方法,制作方法的利用。在金融服务和与互联网有关的电子商务活动中则有更多的商业方法的专利。”如果申请的主题是经营业务的计划、规则和方法本身,则不是 EPC 第 52 条第(1)款所称的发明;如果该主题具有技术特征,则属于 EPC 第 52 条第(1)款所称的发明,在进行新颖性/创造性的审查过程中,如果全部特征均最接近现有技术公开,则不具备新颖性,如果存在区别特征但没有做出任何技术贡献,则认为不具备创造性,若具有做出技术贡献的区别特征,基于这些区别特征达到的技术效果形成客观的技术问题,如果针对该技术问题形成的解决方案是显而易见的,则同样不具备创造性,否则认为其具备创造性。

在持续到大约 2001 年的一段时间内,欧洲专利规则的一个显著特征是以非常开放的方式给予软件相关的发明专利保护,在此之后的一段时间内,一个令人瞩目的趋势是推翻之前的进展并且废除过去那些被认为过于极端的进展,无论如何,软件相关主题的专利性是毫无疑问的,根据 EPC 目前的判例法,创造性成了显著的问题,而判例法需要解决的主要问题就是非技术性特征对创造性问题的相关性。

EPC 当前对商业模式可专利性的审查遵循下列步骤:审查权利要求是否包含技术特征,而不管这些技术特征是不是新的。如果具有技术特征,则认为满足了技术主题以及 EPC 第 52 第(2)款的要求,即便这些特征仅涉及技术环境,例如计算机、网络或者显示屏。在随后的创造性评价中,仅仅考虑那些对技术特征有贡献的特征。但是,根据技术问题/技术方案的方法,在总结所要解决的技术问题时,可以考虑非技术性特征。这里还对一般的潜在非技术问题(例如与商业世界相关的问题)和对本领域技术人员而言属于专利法所指的技术问题进行了区分。在商业方法执行的案例中,本领域技术人员应当是软件程序员而非商业领域的专家,但是技术人员通过具有商业相关特征的知识并通过作为其工作基础的需求说明书而了解待执行商业方法的方方面面。

3. 日本

《日本专利法》的“发明”构成要件中,自然法则的利用性居于核心地位。电脑软件自身或者其内部构造的基础计算方法,作为这些人为规定、数学法则等方面的延长线,在自然法则利用性的讨论上也非常不充分。但是,2002 年《日本专利法》修改后,对于软件发明明确电脑程序自身可以被作为“物的发明”加以保护,在这个前提下,特许厅的审查标准也明确地表示可以以其与硬件资源的关系来肯定其自然法则利用性和充分性。

根据《日本专利法》第 2 条和第 29 条的规定,一件发明被授予专利必须满足三个条件:利用了自然规律,形成了技术思想,在工业上可运用。日本同样把纯粹商业方法排除在专利客体之外。1999 年日本特许厅宣布,商业方法发明将依据《计算机软件审查指南》进行审查。日本《专利审查指南》规定,计算机软件发明既可以申请产品发明,也可以申请方法发明,这就需要看专利申请书的要求。在审查实践中,日本专利审查员通常经过两个步骤来判定计算机软件发明是否具有技术性。审查员首先从申请文件中判断计算机软件是否与硬件设备相关联。如果相关联,则发明具有技术性。如果审查员从专利申请书中无法判定软件部分是否和硬件部分相关联,那么审查员再判断专利申请书中是否描述了软件与硬件的关联性,如果申请书中描述了两者的关联性,则发明也具有技术性。因此,只有商业方法与相关技术结合起来,在申请书中清楚表明软件与硬件的结合共同运行,才不被视为仅仅是抽象的思维,可以授予专利。

日本商业方法专利取得突破,既是专利国际协调的产物,也是计算机软件发展的结果。原有的日本专利相关法规规定,计算机软件属于可专利的客体范围,并且详细地规定了相关审查规则和判断方法。后来在互联网技术高速发展的推动下，计算机软件有了更广阔的应用领域。各大公司纷纷将自己原有的业务与计算机互联网相结合，推出了新的商业模式，形成了新的商业方法。原来仅受理专利都是计算机软件相关的申请，后来逐渐发展为受理的专利申请是包含有计算机技术的商业方法。为了适应这一新的变化，日本专利部门主动做出调整，将商业方法纳入了专利保护范围。

日本专利局在1997年颁布特殊技术领域审查指南中规定：只有利用了自然规律的发明形式才能授予专利。很显然，根据这一规定，商业方法不能受到《日本专利法》的保护，因为其根本没有利用自然规律，只是抽象的思想而已。随着日本科技的进步，考虑到越来越多的现代商业方法和传统的商业方法有了明显的区别，技术性特征更加明显。因此，日本专利局于2000年11月发布了商业方法专利政策。该政策预示着日本将更加注重对商业方法的法律保护，对于符合法律标准的商业方法将采取专利保护。此项政策并没有具体的针对商业方法专利的规定，只是政府部门的政策倾向的表达而已。到了2001年前后，日本专利局又发布了一项针对商业方法专利的更加详细的规范性文件。一方面，文件确认了商业方法在《日本专利法》中的客体地位；另一方面，对商业方法专利的审查做出较为详细的规定，文件主要是强调了在实质性审查方面，特别是判断申请发明的创造性问题上做了细致的规定。总体而言，在日本的审查实践中，客体的要求较高，主题中含有技术特征并非符合客体要求的充分条件；在创造性的判断中，要对所有特征进行整体考虑而不进行划分。随着日本专利部门对商业方法专利的肯定，一时间商业方法专利申请激增，有关商业方法的专利诉讼也大量出现。

4. 韩国

韩国于2012年设立国家知识产权委员会，并直接向总统汇报。委员会由产业通商资源部（下设特许厅）、未来创造科学部、计划财政部等

18 个部门以及 17 个地方自治团体组成,委员长由国务总理及民间专家担任,政府委员 13 名,民间委员 19 名,主要职能有:一是统筹制定及评价国家知识产权 5 年基本计划、年度实施计划;二是每年审议、调整国家知识产权财政预算分配方案;三是作为国家知识产权控制层面,承担建立社会基础,协调各部门知识产权工作,解决重大知识产权争议及事件。其中,特许厅负责整体执行知识产权工作,包括审核审判产业财产权(专利、实用新型、设计及商标),执行建立、创造、保护、使用知识产权基础相关的各种项目。成立相关机构及振兴会。

文化部负责管理著作权业务,农业部负责管理植物新品种、地理标志,未来部负责统筹管理国家研发业务,其他部门管理研发政策及执行事业计划。地方自治团体负责管理地区的知识产权业务(包括中央部门委托工作及自身项目)。公正交易委员会、警察厅及司法部独立于知识产权委员会,分别负责控制专利权滥用,执行公正交易业务、管制假冒商品,实施专利侵权处罚等。

韩国特许厅所谓涉及电子商务发明的申请,是指与商业活动的方法相关,该商业方法为了能够在计算机上执行,是依据计算机技术来实现的,而且在互联网上用于电子商务、金融、经营管理、教育、娱乐等多个领域相关发明的申请。商业方法发明(BMI)是指将商业方法(BM)运用于具体的具备工业实用性的技术手段的发明,这里所说的技术手段是指电脑技术、通信技术和互联网。

判断是否具有“成立性”(商业方法本身不具有专利性,涉及电子商务发明的申请和商业方法发明具有专利性)、新颖性和创造性,采用以下方法。

一是用通常的自动化技术体现以往的商业方法的情形。如果检索现有技术之后发现商业方法上的特征在申请之前已被公开,依据说明书所解释的权利要求中的发明是将之前已被公开的商业方法体现在计算机上得以执行的,而且其不同点仅仅是能够在计算机上执行这一点,应判断其体现的技术按申请时的技术水平是否属于通常的自动化技术，如果是属于通常的自动化技术，则判定为不具备创造性并予以驳回。

二是用新的技术体现已有的营业方法的情形。根据说明书解释权利要求结果，如果权利要求中所记载的发明是将以往的商业方法体现在计算机上实现的，并且按申请时的技术水平，其应用技术被认定为超出了通常的自动化技术时，则应认为该发明具有创造性而不能予以驳回，除非该技术为申请日前属于国内公知公用或者在国内外的刊物上公开发表。

三是新的商业方法已具备新的技术构成而实现的情形。根据说明书的解释权利要求结果，如果记载在权利要求中的发明是将实质上与通常的商业方法不同的新的商业方法通过计算机技术实现的，并且被认定为具有和以往不同的技术构成要素时，则应认为该发明具有创造性而不能予以驳回，除非该技术于申请日前在国内公知公用或者在国内外的刊物上公开发表。

总而言之，从商业方法的审查上来看，美国、欧盟、日本、韩国四方所采取的创造性审查标准的偏重点各有不同。美国更注重商业方法本身的创造性，在专利审查实践中，实用性逐步取代创造性，降低了商业方法专利的授权门槛。欧盟侧重于审查硬件部分的技术特征，对于商业方法本身及整个商业方法发明的技术方案都没有硬性的创造性要求。日本和韩国都将纯粹商业方法排除在专利客体之外，强调商业方法与技术的关联性。不同的是，韩国强调自动化技术（计算机）水平的高低，超出通常的技术水平即被认定具有创造性而不能驳回申请；日本则更为严谨，商业方法必须具备明显的技术特征，且技术特征具备明显的创造性。

(六)新业态知识产权保护建议

1.保护原则

(1)鼓励创新、包容审慎

新业态新领域是我国经济快速迈入新常态的显著表现,知识产权保护制度是当前经济社会建设新形势下推动和激发国家创新创业的基本保障和重要支撑。在互联网时代,技术、概念、模式不断发生着创新性的改变,侵害创新成果的行为也在不断创新。因此,保护创新成果的手段、思路、方法、理论也需要不断创新。这样知识产权制度才能与时俱进,才能不断适应科学技术进步的新生态。

构建新业态新领域创新成果知识产权保护制度,设计调整相关知识产权保护规则,必须以全面发展的眼光,充分考虑包括互联网、大数据、云计算、新商业模式及商业方法等在内的新业态创新成果知识产权的密集程度强、敏感相关性程度高、维权难等突出特点,充分包容吸收各类创新主体的特殊保护需求,遵循理论和实践要求,改变创新保护思维,灵活技术保护方式。同时,保护政策及各项规则的制定应当与国内产业的发展情况相匹配,与国内互联网行业及新业态领域持续发展的要求相适应,与新业态新领域创新成果的应用场景相同步,采取严格准入标准、谨慎设立规则的思路,以知识产权保护制度为强盾,加强知识产权保护,顺应新形势,满足新需求,塑造新业态新领域知识产权保护的良好生态基准和运行环境,鼓励高质量高效率的创新。

(2)积极探索、勇于实践

进一步加快新兴领域和业态知识产权保护制度建设,加强我国新业态创新成果知识产权保护工作力度,将其作为国家经济转型升级发展的重要抓手,着重在知识产权工作体系建设、战略推进、政策融合、创新激励等方面不断积极探索,创新突破。在推进新业态创新成果知识产权保护过程中,要坚定信心,勇于实践,以目标为导向,促使知识产权保护各项工作机制和内容得以深入推进。在我国新业态新领域知识产权保护工作发展的现阶段,要积极探索,精确把握政府部门参与程度和方式,加强社会沟通和参与,认真总结并努力解决实际难题;要梳理目标,结合实际,确保目标任务的顺利进行。

2. 保护路径

(1)完善知识产权保护法律法规

就新业态新领域专利申请或商业方法作出专门性规范,构建包括快速维权、行政执法、仲裁调解、司法审判、刑事司法、行业自律、社会监督的知识产权保护工作格局,严格实行知识产权保护。

适度拓展新业态新领域知识产权保护范围,合理将商业模式、大数据信息等创新成果的新表现形式列入知识产权保护客体,促使我国在高科技局部领域抢占知识产权制高点。

进一步强化新业态新领域知识产权保护专有性,针对互联网、大数据、电子商务等具体行业或领域知识产权保护新需求及应用场景,合理调整或放宽在审查或侵权认定阶段对条件全覆盖原则的要求,完善知识产权保护特殊规则。

确立科学合理的赔偿额度认定标准,逐步提升新业态新领域知识产权侵权赔偿数额的基准线。特别加大对群体性、重复性侵权行为的惩罚力度,引入适用惩罚性赔偿规则。造成严重后果构成犯罪的,法院严格依照法律规定,及时准确予以惩处。

(2)加大知识产权行政执法力度

尤其是围绕电子商务交易、商业模式、互联网以及数据安全等领域,加大行政执法保护力度,为社会公众提供更加便捷的知识产权行政服务。

进一步提升知识产权行政执法保护水平,统一执法标准,统一行政机关与法院对证据的收集程序、认定标准和证明力的认定要求。

积极推进新业态新领域知识产权保护专项行动,创新网络监管方式,加大知识产权行政机关的主动巡查工作力度,进一步拓展专项行动覆盖范围。

加快知识产权保护中心建设,积极关注研究新业态新领域技术发展新动态,实现快速维权、快速确权、快速审查授权等协调联动,提高保护效果。

加大对新兴领域和新型问题的事前监督力度,充分发挥行政调解等工作机制,加大重点侵权案件的督办力度。

(3)提高知识产权司法保障力度

推进知识产权审判专业机构建设,积极推广北上广等地知识产权法院设立模式以及互联网侵权案件审判经验,提高新业态新领域知识产权案件审判工作效率。

全面深入推进知识产权民事、行政、刑事"三合一"审判工作,区分新业态新领域技术创新保护需求,根据侵权行为的性质、作用和侵权人的主观恶意程度,恰如其分给予保护和确定赔偿,统一司法标准。

完善新业态新领域知识产权纠纷案件有关财产保全、证据保全、行为保全等措施,合理分配举证责任,提高案件办理质量。

定期发布新业态新领域知识产权类的指导性案例,加强对地方基层法院在侵权行为认定、网络取证及鉴定等审判业务工作的指导和宣传培训,加强对下级法院案件审判及法律适用情况的监督。

3. 保护模式

加强知识产权地区执法合作沟通,拓展执法合作内容,创新执法合作模式,立足主体、方式、地域三大方面,提升和扩大全国及区域知识产权执法保护水平和影响,推动新业态新领域健康持续发展。

(1)建立司法、行政、企业的协同保护模式

建立地方级别知识产权联席会议工作制度。构建知识产权执法队伍与地方各级相关管理机构及政府部门之间的工作对接机制,与地方市场监管部门在专利、商标及相关权利保护方面建立工作沟通协作机制,实现投诉处理及执法常规检查工作方面的信息共享互通,按照以地

方知识产权局为核心,以地方知识产权保护中心为主力,构建全覆盖式的知识产权保护工作网。

持续推进行政与司法衔接机制。推进构建知识产权侵权案件行政调处前置制度、诉中委托调解制度和知识产权纠纷行政调解协议司法确认制度,推进设立知识产权巡回审判法庭。推动建立社会调解与仲裁机制。有序推进与各类社会调解及仲裁机构的合作,开展“知识产权保护示范市场”创建工作,形成多途径保护知识产权的合力,协同化解各类知识产权纠纷。

创新探索行政与企业建立协同保护渠道。深入开展专利、商标等执法维权“闪电”专项行动,在既有办案经验基础上,创新网络监管、线索共享、案件研判等机制,突出快捷优势。建立电商等领域专利执法维权机制,积极推动地方知识产权局、知识产权维权援助中心与企业达成知识产权保护战略备忘录,设立专人专线对企业线上知识产权维权平台的知识产权保护工作进行指导和援助,通过快速执法、专家咨询、协助管理、专项培训等措施,有效打击侵权行为。

(2)建立确权、授权、维权多元结合的模式

建立“三合一”的知识产权投诉执法平台。积极推进地方知识产权保护中心各项建设,依托知识产权保护中心,在知识产权“三合一”综合管理和执法体制基础上,加快建设知识产权社会诉求的线上线下集中受理及执法平台,实现地区内专利、商标、版权侵权投诉举报同门受理。制订统一的举报投诉和侵权处理受理指南以及格式文本并向社会公布,便于当事人准确准备相关材料,提高投诉维权效率。通过各类投诉举报热线电话、网络新媒体等快捷途径,形成快速反应、快速调查、快速反馈机制。设立统一投诉举报接待窗口,争取当天告知当事人需补正材料,提高在受理环节的行政效能。

深化知识产权纠纷多元解决机制。确保知识产权纠纷调解工作科学、快速、高效、便民,通过成立人民调解委员会,建立健全人民调解工

作规则、调解工作程序规范,提升调解员调解业务技能,支持建立以人民调解为主导,鼓励行业调解、商事调解和仲裁等多种形式参与,为当事人解决知识产权纠纷提供更多途径。与各级人民法院、知识产权行政机关、仲裁机构、专业调解机构等建立合作机制,与法院推动建立知识产权调诉对接工作机制,推动形成知识产权纠纷多元解决机制框架。在地方知识产权保护中心建立知识产权纠纷快速处理平台,探索运用远程调解、电视电话会议、网络直播等手段便利当事人参与,提高调解效率,提升调解效果。

(3)形成国内、国外联合的保护模式

在国内,充分发挥专利行政执法跨区域、跨省市合作协查机制的作用,建立跨区域专利行政执法协作机制,按照分工负责、积极配合、信息沟通的工作模式,达到执法联合联动的良好效果,加强公安、专利、商标、版权以及市场监督管理等职能部门执法协作机制,推动建立知识产权维权保护地方基层联动工作站点,逐步推进常规监督监察向长效综合治理转变,提高跨区域知识产权行政执法的效率。

在国外,进一步推进国家知识产权局与知识产权执法有关的多双边相关议题谈判、双边知识产权执法合作磋商机制及国内立场的协调方面工作,积极联合相关政府部门参加中国与美国、中国与欧盟、中国与俄罗斯、中国与瑞士等一系列政府间知识产权执法工作协调合作会议,积极建立和推动金砖国家、东盟国家以及“一带一路”沿线国家知识产权执法合作计划。加强涉外知识产权执法信息交流和分享,组织召开年度涉外知识产权执法信息沟通交流会,持续在国际上广泛介绍和推广中国知识产权政策及执法保护成就,加强我国知识产权保护宣传。

第三篇　知识产权与国家战略

知识产权是人类就其知识创造成果依法享有的权利，是促进经济社会发展的极其重要的动力资源，也是现代产权理论的核心。通过科学合理的知识产权制度安排，能够使知识产权的各个主体之间形成明确的利益关系，进而形成有效的激励作用，推动社会不断创新，最终服务国家经济乃至整个社会福利的增长。

一、创新驱动发展战略和知识产权强国建设的契合路径①

(一)创新驱动发展战略与知识产权的关联

1. 实施创新驱动发展战略对知识产权工作提出的需求

知识产权是人类就其知识创造成果依法享有的权利，是促进经济社会发展的极其重要的动力资源，也是现代产权理论的核心。通过科学合理的知识产权制度安排，知识产权的各个主体之间能够形成明确的利益关系，进而形成有效的激励作用，推动社会不断创新，最终促成国家经济乃至整个社会福利的增长。知识产权已成为国际通行的衡量国家竞争力和科技创新能力的核心制度安排。知识产权作为一种有效的创新激励机制，能够在创新驱动发展战略中发挥极其重要的基础性作用。如果没有知识产权保护及其战略安排，科技创新就会缺乏动力

① 本部分内容获得 2017 年国家知识产权局软科学研究项目《创新驱动发展战略与知识产权强国建设的契合路径研究》支持。项目负责人：韩秀成。成员：刘淑华、王淇、武伟、陈泽欣、刘永超、黎金、王浚丞、宁峻涛。

和长远的发展空间。加强知识产权战略部署,提高科技创新链条中每个环节的知识产权创造力,增强产业链条上下游之间,以及不同价值链条之间的协同效益,促进创新成果通过市场链向现实生产力转化。加大知识产权研发投入,提高企业知识产权融资能力,保障资金链有效支撑。加强知识产权服务链的建设,保证知识产权支撑创新驱动的有效运转。

(1)创新链对知识产权的支撑需求

知识产权支撑创新驱动是一个从基础研究到应用研究、再到工程技术应用直至产业化、市场化的系统过程,它必须渗透到科技创新链条的每个环节。科技创新是知识产权支撑创新驱动的核心,知识产权创造驱动科技创新不断发展。科学技术创新主要是指科学技术领域内的不断超越与发展;是从基础研究到应用研究、试验开发和研究开发成果的商业化的全过程;是运用科技知识对新颖性构思(新产品、新工艺、新服务)研究开发,直至实现市场价值的全过程,将科技创新的各阶段融入知识产权创造、管理、运用及保护。熊彼特及其早期研究者均以“发明推动”作为产品创新的动力起源,肯定了科学技术的强大推动力,知识产权为创新驱动保驾护航,激励了创新,激发了企业家力图通过其商业应用而获得超额利润的冒险的动机,最终推动技术的再创新。知识产权转化应用,获得市场利润,通过显性知识和隐性知识的外化、内化融合,促进技术创新,并通过技术专利化、专利产品化、产品市场化获取有效法律保护和市场丰厚利润回报,反哺技术再创新。知识产权不仅是科技创新的目的,也是科技再创新的重要支撑力量。

(2)产业链对知识产权的支撑需求

知识产权的创造、获取、管理、应用,是产业链条上各利益相关者在价值创造的节点企业的个体行为,到产业链条上各节点企业知识产权创造与创新所形成的产业链条上下游之间,以及不同价值链条之间协同创新的过程。企业的竞争优势体现在价值链特定环节上创造最大价值,而知识产权能使一个企业从价值链低端的零部件加工组装环节跃升到高端的研发设计、形成品牌环节,占据掌控价值链高端,获得高额利润。并且,知识产权还能为企业创造高于传统价值创造利润的企业价值扩张的空间。价值链不仅存在于企业内部,还与利益相关企业价值链紧密联系,从而形成企业内外知识产权创新的融合。企业的价值创造活动与其供应商价值链及销售商价值链相联系,形成价值链系统。企业与上下游企业之间的纵向联系,不断影响该企业的价值链和竞争优势。从利益相关者的视角,上下游企业形成了知识产权创造价值链系统;从产业制造的视角,形成了价值创造产业链系统。由于知识产权链条的影响,企业间形成了不可分割的知识产权产业链,促使企业在科技创新、产品制造、市场边界上的联系愈发紧密,最终形成产业链的融合。知识产权在驱动企业科技创新的同时,也在不断地成为产业链条上驱动利益相关科技创新的驱动路径。一是驱动产业链延伸,知识产权驱动科技创新以及管理模式创新,通过技术创新的驱动,一个企业的价值创造影响另一企业的价值活动,也可以说一个企业的知识产权的创新驱动会影响另一企业的创新驱动,升级形成新型的产业。二是驱动产业链交叉,不同产业链上,打破原有产业的界限,使得原有产业的价值创造功能得到提升,形成新的产业体系。三是驱动产业链突变,产业链中价值链节点的企业价值创造某些功能在知识产权的驱动下,使得某些功能得到强化,直至脱离原有的价值链形成新的价值链条。

(3)市场链对知识产权的支撑需求

知识产权创造的最终成果需要通过市场链实现价值,形成创新—知识产权—产品/服务—价值—创新的生态系统,这个生态系统的关键一环就是知识产权通过市场机制有效融合到市场链条中。在知识产权支撑创新驱动的过程中,运行知识产权支撑创新的“市场链”机制,就是为了促进知识产权向现实生产力转化,提升知识产权对经济增长的贡献率。促进知识产权创造核心流程以及支持流程,实现从采购开始到获取用户满意的市场链中的增值。由知识产权创造引领的技术创新，最终转化为创新产品，其目的就是满足用户个性化需求。知识产权的“市场链”驱动路径的核心机制就在于以市场需求和技术需求结合为导向，促进知识产权的转化运用，提升产品的知识产权含量，将知识产权优势培育成为创新企业的核心竞争力，赢得更大的市场份额。

（4）资金链对知识产权的支撑需求

知识产权支撑创新驱动发展离不开资金链的支撑，知识产权融资成为创新驱动发展的助推器。知识产权融资是指知识产权所有权人用商标专用权、专利权、著作权等知识产权获得资金支持的融资行为，包括知识产权质押和证券化融资等。知识产权质押融资最早产生于日本（1995 年），欧美在知识产权融资上则以知识产权证券化为主。1995年，我国《担保法》规定，可以利用知识产权的财产权做质押获得银行贷款。随着知识产权质押在我国的发展，银行、担保公司、保险公司等机构不断进行知识产权融资的机制创新，更多考虑的是技术创新企业的知识产权及发展前景，根据技术创新的不同发展阶段推出不同的知识产权融资工具。

通过知识产权融资产品的创新来支撑知识产权与创新驱动发展。知识产权融资产品的创新受到外部环境条件、公共支持政策、中介服务和融资主体环境等多方因素的限制与制约。探索知识产权融资的创新路径，制定和完善知识产权质押融资法律法规；建设知识产权评估数据平台、知识产权评估专家库、知识产权评估数据平台、数据库和知识产权质押评估报备制度；建立完善评估理论、方法和指标体系、评估标准，建立起知识产权管理部门、科技部门和法律人员的支持与协作机制等。

（5）服务链对知识产权的支撑需求

知识产权支撑创新驱动的前提条件是知识产权服务链条的有效运转。在科技创新、知识产权创造、创新成果转化的各环节中，知识产权服务已经上升为高度社会化和专业化的活动。知识产权服务业是由知识产权获权确权、运用转化服务及知识产权维权保障等一系列服务过程形成的完整的服务产业链。知识产权服务业包括专利、商标、版权、著作权、软件、集成电路布图设计等的代理、转让、登记、鉴定、评估、认证、咨询、检索等服务。知识产权服务业是促进创新驱动发展的重要因素。知识产权服务链是科技服务业发展、知识产权产业化与产业分工精细化的必然结果。伴随知识产权产业化的发展，知识产权服务链应包含知识产权产业链前端服务、中端服务、后端服务等。在知识产权服务业良性运行的背景下，知识产权服务链条上的服务机构应积极加强自身建设，提高业务水平，加强行业自律性，完善知识产权中介服务体系。知识产权服务链条上的机构，一方面应严格遵守国家法律法规和政府行政规章进行规范运作；另一方面，促进服务主体间的协同合作，打造高效率的知识产权保护和运用工作格局。

2.知识产权支撑创新驱动发展战略的主要表现

知识产权是国家创新体系中的重要组成部分，是激励创新的重要制度安排。WIPO把知识产权的作用归结为五个方面：一是鼓励研究开发新技术；二是为新技术成功地应用于产业创造环境；三是促进技术的扩散；四是为制定技术发展规划和战略提供依据：五是为吸引外资、共同合作和引进技术提供制度化保障。实施创新驱动发展战略必须重视知识产权制度的建设与完善，科技创新离不开知识产权，创新驱动发展战略更离不开知识产权，科技创新的发展空间和创新驱动发展战略的实施空间必须依赖知识产权的适时保护与全程支撑。知识产权是科技成果向现实生产力转化的桥梁和纽带，是实现从科技强到产业强再到经济强的重要环节。所以，应以发展和提升国家核心竞争力为目标，以增进和维护国家利益为宗旨，建立健全国家创新体系，积极培育知识产权，从而获得创新回报和未来发展优势。

（1）知识产权是技术创新的有效驱动力

技术创新是人们有意识进行研发活动的内生结果。要让人们愿意从事或开展研发活动,就需要提供一定的激励。专利制度通过赋予创新者在一定时间、一定地域的排他性权利,将创新成果产权化,从而保证其至少部分占有创新收益。正如林肯的一句名言所说:“专利制度是给天才之火浇上利益之油。”也正如国家知识产权局局长申长雨所说:“知识产权制度也被认为是激励创新的基本保障,保护知识产权就是保护创新,用好知识产权就能激励创新。”知识产权保护以及由此所产生的利益激发和保护了研究开发者的积极性,是激励研发的重要手段。

(2)知识产权是激励创新驱动发展的基本保障①

知识产权战略的主要内容是对知识产权的创造、保护、运用和管理,它是国家创新驱动发展战略的重要组成部分,两者相比来看,创新驱动发展战略的立意更高、范围更广,知识产权战略的操作性更强、方向性更明确。知识产权的基本功能是:“为创新活动进行产权界定并提供激励机制;为创新产业进行资源配置并提供市场交易;为创新成果进行产权保护并提供市场规范机制。”②知识产权作为一种新型的产权安排机制、创新激励机制和有效的市场机制,支撑着市场环境下创新成果的转移转化,助推着产业的转型升级和价值链的提升。知识产权对创新驱动发展的保障,还体现在对社会创新活力的激发。③ 知识产权通过对技术创新、文化创新的协调与保障,为创新活动提供了激励性的政策、法律以及市场环境,使社会资源、智慧和力量能更多地投入创新活动中去。

(3)知识产权促进创新成果转化为现实生产力

引导创新主体将知识产权分析和运用引入并贯穿其技术研发、产品化和市场化的全流程,为创新主体科学权衡和选择技术路线、制定技术发展策略提供信息支撑;提升技术创新起点,加速技术研发过程,有

① 参见《关于深化体制机制改革加快实施创新驱动发展战略的若干意见》。

② 吴汉东:《创新发展与知识产权制度》,载《文汇报》2013年4月22日。

③ 田力普:《深入实施知识产权战略,有效支撑创新驱动发展——写在〈国家知识产权战略纲要〉颁布5周年之际》,载《科技与法律》2013年第3期。

效促进核心关键技术的创新突破和新技术成果的产业化；多渠道促进知识产权实现市场价值，建立起覆盖重点区域、重点产业，定位清晰、领域齐全、能力突出、竞争有序的知识产权运营体系。培育一批具有较强国家化经营能力的知识产权运营机构。

（二）创新驱动发展战略与知识产权强国建设契合路径

1. 创新驱动发展战略与知识产权强国建设契合路径的界定

所谓契合是相互呼应、重合等，而契合路径是指两条不同路径具有相互呼应或相互重合的主要方面，体现两者在实现目标上具有一致性。本文所指的创新驱动发展战略与知识产权强国建设的契合路径是指创新驱动发展战略的实施路径与知识产权强国建设的主要路径相互呼应，相互重合，其共同的目标在于从根本上推动和促进创新。基于创新是发展的第一动力，创新驱动发展战略作为国家的总体发展战略，具有统领性的特点。加快知识产权强国建设的主要路径在于充分发挥知识产权对创新的推动作用，实现对创新驱动发展战略的有力支撑。因此，知识产权强国建设和创新驱动发展战略在实施路径上具有天然契合关系。

2. 创新驱动发展战略与知识产权强国建设契合路径的主要表现

（1）激励知识产权创造，提升创新能力

随着知识产权保护的趋势日益加剧，引进国外先进科学技术的成本会不断提高，没有自主创新，大量依赖引进知识产权的企业就会面临倒闭的风险，从而造成社会福利的损失。因此，我国只有加大力度发展基础研究，加强关键技术领域的核心专利开发，才能在未来的国际竞争中立于不败之地。创造是源头，没有高水平的创造，专利质量也就成了无源之水、无本之木。高质量的专利具备较高的技术创新水平，同时也通过有效的专利保护和运用实施，产生了显著的经济和社会效益。实现优势领域、共性技术、关键技术的重大突破，推动中国制造向中国创造转变、中国速度向中国质量转变、中国产品向中国品牌转变，专利创新有力地支撑了国家创新驱动发展的推进实施。

(2)加强知识产权保护，优化创新环境

保护产权，既要保护有形财产权，也要保护无形财产权，特别是体现创新成果的知识产权。在《国家创新驱动发展战略纲要》《国务院关于新形势下加快知识产权强国建设的若干意见》《“十三五”国家知识产权保护和运用规划》《深入实施国家知识产权战略行动计划(2014—2020年)》等一系列重要文件中，都对知识产权保护做出了重要部署。特别是《关于深化体制机制改革加快实施创新驱动发展战略的若干意见》，首次以中央文件的形式明确提出，要让知识产权制度成为激励创新的基本保障，要实行严格的知识产权保护制度。2019年11月，中共中央办公厅、国务院办公厅联合印发了《关于强化知识产权保护的意见》。这是首个以中办、国办名义出台的知识产权保护工作纲领性文件，充分体现了党中央、国务院对知识产权保护工作的高度重视。无论对深入实施创新驱动发展战略，推进供给侧结构性改革，还是营造良好营商环境，加快建设开放型经济新体制，推动国家经济持续健康发展，都具有重要的时代意义和全球影响，为我国新形势下严格知识产权保护提供了根本依据和行动指南。

(3)促进知识产权运用，提升创新效益

知识产权运用是充分发挥知识产权价值的必由之路，也是知识产权工作的目的所在。经过这些年的发展，我国已经成了名副其实的知识产权大国，积累了丰富的知识产权资源，特别是在专利领域，我国发明专利申请受理量已经连续9年位居世界首位，国内有效发明专利拥有量已超过120万件。如何盘活用好这些战略性资源，使其更好地产生效益、推动发展，既是知识产权事业发展亟待破解的核心问题，更是当前我国加快实现创新驱动发展的关键一环。

（4）健全知识产权管理，完善创新体系

全面深化改革，知识产权是其中的一个重要方面。改革开放40多年来，我国知识产权事业发展取得了举世瞩目的巨大成就，成功跻身知识产权大国行列。但同时也积累了一系列深层次的矛盾和问题，如知识产权数量与质量发展不协调，核心专利、知名品牌、精品版权较少，布局不尽合理；知识产权保护还不够严格，侵权易发多发势头尚未根本扭转，知识产权维权依然面临举证难、周期长、成本高、赔偿低、效果差等问题，影响创新创业热情；知识产权运用既缺机制，又缺平台，转移转化效益还不够高，影响企业知识产权竞争力提升；知识产权管理多头分散、效能低下；知识产权国际交流合作深度与广度还有待进一步拓展。破解这些难题别无他策，唯有改革。2016年12月5日，习近平总书记主持召开中央全面深化改革领导小组第三十次会议，审议通过《关于开展知识产权综合管理改革试点总体方案》。习近平总书记强调，要紧扣创新发展需求，发挥专利、商标、版权等知识产权的引领作用，打通知识产权创造、运用、保护、管理、服务全链条，建立高效的知识产权综合管理体制，构建便民利民的知识产权公共服务体系，探索支撑创新发展的知识产权运行机制，推动形成权界清晰、分工合理、责权一致、运转高效的体制机制。

（5）扩大知识产权国际合作，提高全球创新格局的国际地位

当前，经济全球化深入发展，知识经济方兴未艾，知识产权作为发展的战略性资源和竞争力的核心要素、WTO的三大支柱之一、企业开展国际投资的重要考量因素，受到了各个国家和企业越来越多的重视。习近平主席在博鳌亚洲论坛2018年年会上指出，“加强知识产权保护。这是完善产权保护制度最重要的内容，也是提高中国经济竞争力最大的激励”。

二、激励知识产权创造,提升创新能力[①]

(一)知识产权与创新

1. 提升自主创新能力是创新驱动发展战略和知识产权强国建设的重要内容

(1)创新的内涵

马克思在《资本论》中指出,创新是解决生产力与生产关系、经济基础与上层建筑间基本矛盾的基本手段与方式。马克思认为,企业创新活动是协调生产力与生产关系、经济基础与上层建筑之间矛盾的重要机制,其根本动力与源泉来自资本家追求剩余价值的最大化。在追求剩余价值最大化过程中,竞争成为推动创新的重要外在压力。马克思指出,竞争促使企业采用新的技术,"采用机器的工厂中的必要劳动时间相对地缩短了",而"使暂时还受旧生产方式支配的工人的必要劳动时间(相对)延长了",企业的劳动生产力提高使其能够获得超额利润;对超额利润的追求加剧了企业间的竞争并使利润率平均化,在推动创新扩散的同时推动了整个资本主义的生产。总之,"创新—创新扩散—新的创新"这一过程会不断持续,新机器的采用必将"刺激资本家采用日益翻新"地更新机器。创新通过创造性破坏的过程导致产业升级,从内部推动经济结构的变化。在对社会发展的研究中,马克思将创新理念贯穿始终,指出科学技术创新推动生产力发展、制度创新带动生产关系变革、文化观念等创新则有助于实现人与自然的和谐发展,并通过"异化"理论阐述社会主义替代资本主义的必然性。

① 本部分内容获得2017年国家知识产权局软科学研究项目《创新驱动发展战略与知识产权强国建设的契合路径研究》支持。项目负责人:韩秀成。成员:刘淑华、王淇、武伟、陈泽欣、刘永超、黎金、王浚丞、宁峻涛。

在创新体系的分析上，企业是核心创新主体。熊彼特指出企业家具有行动性与实践性，“企业家精神”是推进“创造性破坏”进而是长期经济增长的根本源泉。创新主体具有多样性与层次性，“创新链”形成是关键。创新的关键环节是市场竞争环境的构建。创新的实现路径是规避劳动与技术异化。异化不仅使创新主体失去创新动力，也使技术创新行为由于封闭性与割裂性，而被束缚在自身原有的技术范式与研发路径中，这一问题在中国融入全球产业链过程中尤为显著。创新是一个连续与系统的过程，割裂或封闭创新主体不利于自主创新能力的提高。熊彼特指出享受创新愉悦、拥有不可抑制的奋斗意念是企业家创新的主要动机。因而，应加强创新主体间竞争合作关系，在集成创新、引进吸收再创新中，通过企业之间、行业之间、区域之间的合作，推动本土企业与价值链中其他企业形成有机整体，激励企业创新的动力以规避劳动异化与技术异化。

(2)提高自主创新能力是创新驱动发展战略的重要内容

推动科技进步、坚持创新驱动已成为新时期我国经济社会发展的客观要求，成为实现中华民族伟大复兴的战略抉择。创新驱动的本质是依靠自主创新，充分发挥科技对经济社会的支撑和引领作用，大幅提高科技进步对经济的贡献率，实现经济社会全面协调可持续发展和综合国力不断提升。无论从国家层面来讲，还是科技组织层面来讲，实施创新驱动发展战略意义深远。

党的十八届五中全会明确了“创新、协调、绿色、开放、共享”五大发展理念。这是我国在“十三五”期间，乃至更长时期内的发展思路、方向和着力点。而在其中，“创新”一词排在第一位。自党的十八大以来，在习近平总书记的公开讲话和报道中，“创新”一词出现超过千次，可见其受重视程度。2014 年 6 月 9 日，习近平总书记在两院院士大会上讲话指出：“我国科技发展的方向就是创新、创新、再创新。实施创新驱动发展战略，最根本的是要增强自主创新能力，最紧迫的是要破除体制机制障碍,最大限度解放和激发科技作为第一生产力所蕴藏的巨大潜能。要坚定不移走中国特色自主创新道路,坚持自主创新、重点跨越、支撑发展、引领未来的方针,加快创新型国家建设步伐。"

《创新驱动发展战略纲要》标志着创新在国家发展全局的核心地位得到进一步明确和贯彻落实,指出创新驱动发展战略是中央在新的发展阶段确立的立足全局、面向全球、聚焦关键、带动整体的国家重大发展战略。在该纲要的指导思想中,明确要坚持走中国特色自主创新道路。在该纲要的战略目标中提出,到2020年进入创新型国家行列,自主创新能力大幅提升。形成面向未来发展、迎接科技革命、促进产业变革的创新布局,突破制约经济社会发展和国家安全的一系列重大瓶颈问题,初步扭转关键核心技术长期受制于人的被动局面,在若干战略必争领域形成独特优势,为国家繁荣发展提供战略储备、拓展战略空间,使研究与试验发展(R&D)经费支出占国内生产总值比重达到2.5%。

党的十九大报告高度重视加快创新型国家建设,重申了创新是引领发展的第一动力,是建设现代化经济体系的战略支撑。为了提高自主创新能力,提出要瞄准世界科技前沿,强化基础研究,实现前瞻性基础研究、引领性原创成果重大突破。加强应用基础研究,拓展实施国家重大科技项目,突出关键共性技术、前沿引领技术、现代工程技术、颠覆性技术创新,为建设科技强国、质量强国、航天强国、网络强国、交通强国、数字中国、智慧社会提供有力支撑。加强国家创新体系建设,强化战略科技力量。深化科技体制改革,建立以企业为主体、市场为导向、产学研深度融合的技术创新体系,加强对中小企业创新的支持,促进科技成果转化。倡导创新文化,强化知识产权创造、保护、运用。培养造就一大批具有国际水平的战略科技人才、科技领军人才、青年科技人才和高水平创新团队。

(3)通过激励知识产权创造推动创新是知识产权强国建设的内在要求

创造能力领先是知识产权强国的基本特征之一。尽管国家知识产权战略实施 10 年以来,我国知识产权创造能力取得了明显成效,从数量规模上看中国已经成为名副其实的知识产权大国,但从创造的质量上看,我国还不是知识产权强国。因此,建设中国特色知识产权强国,首先应当提升知识产权创造能力。

在 2014 年 12 月举办的中国经济年会上,国家知识产权局局长申长雨指出,"知识产权关系到创新驱动发展的两个非常重要的问题,一个是创新的源动力的问题,另一个是创新成果向现实生产率转化的最后一公里的问题"。知识产权一头连着创新,另外一头连着市场,是创新和市场之间联系的桥梁和纽带,是实现从科技强到产业强再到经济强的中间非常重要的环节。事实上,知识产权正是解决创新发展"最先一公里"和"最后一公里"的核心,是激发创新创造活力,推动创新成果向社会现实生产力转化的关键。因此,知识产权制度既是引领我国创新发展的指南针和保护盾,也是激励我国创新驱动的加速器与催化剂。我国知识产权强国建设的不断加速,将有效地激励创新、保护创新、整合创新、保障创新。

2. 知识产权激励创新的作用机制

在知识产权的激励理论视角下,知识产权法的核心价值就是"激励创新"。[①] "只有创新才会有知识产权。"[②]"精神创造化腐朽为神奇,是一切物质财产的产生、发展、变动的源泉。"[③]知识产权将精神创造成果上升为法律权利和制度,"知识产权制度的本质是鼓励创新,不鼓励模

① Peter Drahos, *A Philosophy of Intellectual Property*, Dartmouth, 1996, First Chapter.

② 李明德,《知识产权保护也是鼓励机制》,《瞭望新闻周刊》2007 年第 18 期,第 42 页。

③ 刘春田,《知识产权作为第一财产权利是民法学上的一个发现》,《知识产权》2015 年第 10 期。

仿与复制"[①]。知识产权激励创新的作用机制主要体现为通过赋予创新者市场排他权激励创新创造,通过合理分配权利义务促进创新成果尽早实现市场化运用,通过加强保护优化市场环境促进市场资源合理配置,通过鼓励知识产权利益分享实现创新者合作发展。

(1)产权激励机制

创新是知识的源泉。知识作为资源,它本身具有价值,特别是商业价值,否则人们就不会对新的知识发生兴趣并把它应用到生产中去。问题是知识的生产是需要投入成本的,并且这种投入可能在事实上也是有风险的。知识交易则成为化解和分散知识投入风险的主要方式,参与知识交易的厂商愈多,知识投入的风险就愈小,但这种交易需要有一定的制度给予保障。另外,在知识经济中,对知识的过分依赖和大量使用,使得知识成为一种稀缺品,成为人类社会的稀缺资源。我们所说的当今世界是各国争夺科学技术和人才的时代就是从知识资源的稀缺性而言的。知识是不会自然而然地产生出来的,而且知识的生产和利用基本上都已经商业化了。要想获得知识和信息,人们必须付出代价,投入时间和精力,花费开支甚至去冒险。而国家要想使经济更快地、持续地增长与发展,就必须加快知识的生产,加大知识扩散和应用速度。要做到这一点,国家也就必须建立一种有效的制度来保证新知识的生产、扩散和应用。在所有制度中,产权制度也许是最有效率的制度安排。

所谓产权,"是描述人们或厂商可以对他们的财产做什么的法律规则"[②]。而知识产权正是界定人们或厂商可以对他们的知识财产做什么的法律规则。国家通过知识产权的有关法律授予知识产品生产者以著作权、专利权和商标权等所有权,来确认和保护他们对自己的作品、发

① 郑成思,《中国知识产权保护现状与定位问题》,《今日中国论坛》2005年第2—3期,第120页。

② 罗伯特·平狄克、丹尼尔·卢彬菲尔德,李彬、高远等译,《微观经济学》,中国人民大学出版社1997年版。

明创造和商标的排他性独占权，调整在支配、使用和转让知识财产过程中的各种权利义务关系。由于知识产权规定了人们与知识资产的所有关系，这自然使知识产权成为激励知识生产和交易的一个重要制度。以专利为例，专利制度的实质就是一种对技术创新从产权理论出发进行激励的制度。其合理性在于，那些对国家而言的创新技术发展，会因市场不确定、技术不确定而受阻，专利权给创新者以市场保护，使其在最初的困难时期没有竞争对手。著名制度经济学家诺思对专利制度的确立给予了很高的评价，他认为，直到现代，不能在创新方面建立一个系统的产权仍是技术变化迟缓的主要根源。一套鼓励技术变化、提高创新的私人收益率的激励机制，仅仅随着专利制度的建立才被确立起来。可以说，如果没有专利制度，世界发明创造的历史将会大大缩短。有人做过这样的论证，没有专利制度，就不会有 18 世纪欧洲的产业革命，人类社会的进步将会延迟。

(2)效益激励机制

知识的价值是在扩散和利用中体现出来的，当然知识的扩散和利用都是以交易为基础的。知识产权发挥着连接创新和市场的桥梁纽带作用，通过多渠道盘活知识产权资产，加速知识产权价值实现，提高知识产权运用综合效益。就专利来说，国家建立专利制度的目的就是鼓励发明创造、依法保护发明创造专有获益权、公开专利技术信息、推动发明创造推广应用、促进科学技术和经济的发展。国家依照《专利法》授予发明创造者以排他权，发明创造者就可以通过向企业出售专利许可证或自己组织生产实施，从而得到利益回报，达到激励创新的目的。

(3)保护激励机制

从知识产权蕴含的法律意义来说，法律保护乃权利的题中之意。德国学者梅克尔为代表的“法力说”认为，权利之本质为法律之力。[①] 知

① 梁慧星，《民法总论》(第 3 版)，法律出版社 2007 版，第 70 页。

识产权作为基本的民事权利,保护知识产权是知识产权法的核心内容。

在知识和信息的扩散过程中,事实上已证实的是,尽管一个国家愿意出钱购买外国的新技术,但如果该国家不提供保护制度,而放任"一家引进,百家受益"的话,没有哪个技术所有人愿意向其提供技术。很显然,知识的流动总是朝向建立并有效实施知识产权保护制度的方向。只有当知识和信息与知识产权同步交易与流动,才可能在受到严格保护的同时,为有效率的交易提供基础。不提供产权保护制度则往往意味着只有那些过时的、缺乏竞争力的技术才可能被考虑转让到该国家。那些生命力在于先进尖端技术的公司是不愿意把他们的技术放到可能被他人盗用的危险环境中的,这意味着不保护知识产权的国家将在国际竞争中付出沉重的代价。

(二)当前我国知识产权激励创新面临的主要问题

1. 创新主体的创新动力不足

利用知识产权获得最大的经济回报是知识产权激励创新的基本原理。目前,我国知识产权大国的地位已经巩固。与此同时,随着《国家知识产权战略纲要》的深入实施,我国知识产权运用效益逐步显现,为加快中国特色知识产权强国建设打下了坚实基础。据统计,2012—2017 年中国专利奖中有 145 件专利获得中国专利金奖及中国外观设计金奖,新增利润 1621 亿元,对实体经济发展的支撑作用日益凸显。[①] 2016 年,我国技术合同成交额首次突破 1 万亿元大关,同比增长约 16%。包括专利转让、许可、质押等在内的专利运营次数达到 17 万余次,同比增长近 20%。[②] 在知识产权强国建设战略目标的引领下,涌现

① 袁于飞,《助力中国产品向中国品牌转变——十八大以来我国知识产权事业改革与发展成就述评》,《光明日报》2017 年 10 月 2 日。

② 参见国家知识产权局局长申长雨于 2017 年 9 月 5 日在第八届中国专利年会上的开幕致辞,http://www.sipo.gov.cntwzbdbjzgzlnh,2017-09-06。

出一批知识产权强省、强市试点单位，华为公司、中兴通讯、海尔集团、中国中车等知识产权优势企业创新能力不断增强，为加快产业转型升级、提升区域经济创新发展水平提供了有力支撑。但是，现实中，我国知识产权激励创新仍面临动力不足的问题，主要原因如下。

(1)知识产权权属不明

由于知识产权的创造、管理与应用涉及多个利益主体，他们之间存在知识产权授予、知识产权归属、知识产权转让、知识产权利益分配等复杂的关系，如果不能明确各主体之间的权利与责任，不清楚各环节知识产权的归属与价值让渡及其利益分配关系，就有可能因为权属不明而导致知识产权纠纷，妨碍知识产权的转化、扩散与应用，影响知识产权效益的充分发挥，不能为推动创新提供足够的动力。

对于知识产权的权属划分，《科学技术进步法》第二十条规定："利用财政性资金设立的科学技术基金项目或者科学技术计划项目所形成的发明专利权、计算机软件著作权、集成电路布图设计专有权和植物新品种权，除涉及国家安全、国家利益和重大社会公共利益的外，授权项目承担者依法取得。"同时规定："项目承担者依法取得的本条第一款规定的知识产权，国家为了国家安全、国家利益和重大社会公共利益的需要，可以无偿实施，也可以许可他人有偿实施或者无偿实施。"应该说，这样的规定较之以往已经有了巨大的进步，但在实际操作中仍有许多问题亟待解决。

①职务发明权属界定不清乃至过宽。在国家资助项目研发与投资主体日趋多元化的情况下，如果不对主要利用单位物质技术条件所完成的发明通过约定配置确定权属，即实行发明人报告后的单位选择制度，就有可能在约定不明或单位放弃时，难以由法定配置将其归属职务发明人并赋予单位免费、非专有、不可转让的使用权，无形之中会增加信息不对称及其权利流转的交易成本，降低职务发明权利配置效率。

②虽然在各种法律条文中规定"授权项目承担者依法取得知识产

权”,但并没有赋予职务发明人优先取得专利的权利。这样,在项目承担单位不积极履行项目知识产权实施与转让等义务时,职务发明人也没有权利实施成果转化和知识产权转让,造成了事实上的知识产权真空。

③《国家中长期科学和技术发展规划纲要(2006—2020年)》指出,国家财政投入主要用于支持市场机制不能有效解决的基础研究、前沿技术研究、社会公益研究、重大共性关键技术研究等公共科技活动,并引导企业和全社会的科技投入。因此,对基础性科研、公益性科研或是战略性、前沿性、前瞻性高科技研究应以政府无偿资助为主,其他财政性科技投入则着重考虑贷款贴息、偿还性资助、资本金注入、投资补助、风险投资、提供担保等方式。对于以产业化为导向的国家资助科研项目,往往存在企业和第三方投资者,现有法律法规虽有原则性条款,但对于知识产权归谁所有,或者各参与方各自所占的比例,以及知识产权成果应用后各方的利益分配方式、分配比例等,没有明确的约定,导致现实中知识产权纠纷不断。

(2)知识产权转化激励不足

知识产权转化难是困扰当前我国知识产权效益提升的重要因素,减缓了我国知识产权对于创新的激励和推动作用。目前,我国知识产权成果离转化为生产力事实上还有很长的距离,知识产权管理价值链上,知识产权的创造只是其中的一小步,而把它转化为实际效益的后续环节将更加关键,而目前来看,后面的程序远远没有跟上。总体而言,我国的技术产权交易机构数量多而运作不理想,没有充分发挥成果转化、资金融通和资本退出的作用。

职务发明成果作为专利成果转化的重要对象,我国《专利法》分别对职务发明创造的归属和发明应享有的权利做出了规定。在职务发明中,发明人一般享有表明发明者身份权、获得奖励权和报酬权。获得“一奖两酬”是法律赋予发明人的权利,但由于职务发明专利的归属权在单位，发明人的利益在实际过程中并没有得到切实保障。由此所产生科研项目的专利权属纠纷，使得发明人往往选择离职，不再支持原单位项目实施的工作，所以让不少科技创新成果被搁置、流失。因此，要想提高科技成果转化率，就必须充分发挥发明人开展后续科研工作、提供后续技术支持的重要作用。

相比之下，美国大学就非常注重通过对发明人的物质激励，创造高效的创新激励机制。美国的部分大学允许雇员就职务发明申请个人专利。很多雇员个人就积极申请专利，然后把专利转让给大学。大学负责专利的推广实施，每年定期清算一次，在年度特定期限前向发明人发放收益。发明人获得的收益一般是总收益的35%左右，其余部分由知识产权办公室、学院、学校等分享，但是学院、学校获得的收益一般主要用于资助后续的相关研究。纳入分配体系的收益除现金外，还包括股票、期权、债券等。可以参加收益分配的发明人不仅是发明人本人，还包括其继承人、受益人、受让人等。

2. 创新主体的创新水平不高

创新水平的高低反映在专利质量上。我国创新水平不高主要体现在，虽然目前我国已经连续9年居于全球专利申请量的首位，并占全球总量的近40%，在这样的庞大数量背后，存在专利质量低的问题。例如，专利申请量很大但专利授权量不大；专利量较大但发明专利量不大；发明专利总量较大，但国内发明专利量少于国外企业在我国的发明专利拥有量；PCT专利申请量分布不平衡，集中在个别行业、地区和企业；专利总量较高但人均拥有量较低；国内专利在关键、核心技术领域较少等等。[①] 有学者认为，中国每年发明专利申请量增长迅猛，但授权量并不多，主要是从申请到授权有时间滞后，大批审查人力投入京外中

---

① 朱雪忠，《辩证看待中国专利的数量与质量》，《中国科学院院刊》2013年第12期。

心建设导致审查人力不足，以及近期大力提高授权质量的措施所导致。①

高校是专利成果的重要产出单位，因而以高校的专利质量为对象进行研究具有很强的代表性。教育部科技发展中心编著的《中国高校知识产权报告》显示，我国高校发明专利的专利权维护期短，通过对北京大学、浙江大学和清华大学专利维护数据分析，发现我国专利权维护期均较短，多数在3～4年，专利权维护期超过7年的专利数量十分稀少。这从很大程度上表明，我国科研项目所产生的知识产权成果分布分散、质量不高，实际效用有限。另外，我国部分科研人员热衷获取知识产权，但对知识产权质量及实际效益大小缺乏关注。应用研发的产业化导向不明，对科研的评价标准僵化单一，导致部分科研人员在创造出知识产权成果后，要么没有兴趣进行成果的后续开发和市场转化，要么不知道成果转化应用的主体是谁、在哪里，以及如何实现转化。这是造成我国虽然是知识产权大国，但不是知识产权强国的主要原因，由此也导致我国的知识产权成果转化率不高，大量成果被闲置，有限的科技资源不能得到合理、有效的利用。因此，如何确立应用研发的产业化导向，不断提高知识产权成果质量，将是未来政策设计的重要方向和科研评价的重要指标。

总之，我国知识产权规模上的“量”迅速增大，但结构上的“量”较少，知识产权“质”的价值提升不足，仍处在较低的水平。我国知识产权“量质”矛盾突出主要表现如下。

(1)发明专利寿命短，与国外差距明显

维持专利权需要支付费用，因此，只有能够进行商业化、投入市场获取利润，或者有必要作为技术储备阻止竞争对手步伐的专利才有维持有效的必要性。简而言之，只有能带来直接或间接经济效益的专利

① 周胜生，《论知识产权强国视角下的中国专利数量》，《知识产权》2014年第11期。

才有维持有效的必要性。一个专利被维持的时间越长，通常可以说明其创造经济效益的时间越长，市场价值越高。

2012 年我国国内维持时间 10 年以上专利占比仅为 5.5%，而国外维持时间 10 年以上的专利占比达 26.1%；从数量上来看，国外在我国维持 10 年以上的有效发明专利数量达到 10.5 万件，是国内数量的近 4 倍。国内有效发明专利数量排名前两位的华为公司和中兴公司维持 10 年以上专利的比例分别为 11.1%和 7.3%，而国外排名前两位的松下和三星则达到了 32.0%和 27.1%。我国发明专利维持年限短，有效发明专利数量低，从侧面反映了专利给权利人带来的经济利益低，专利权的价值整体不高。

(2)发明专利比重低，价值小

整体来说，我国发明专利比重低，有效发明专利质量不高，关键技术和核心技术领域的专利偏少，具有世界影响力的知名品牌少。国内企业有效发明专利占有效专利比重仍然较低，而外国企业在我国的有效发明专利占到其在我国有效专利总量的近 80%。我国企业有效发明专利占比与国外企业还存在相当大距离。基础软件领域缺少核心知识产权和技术。我国软件产业仍然面临大而不强的局面，在操作系统、数据库、办公软件和中间件等基础软件领域缺少自有核心知识产权和技术，在国际市场上竞争力不强，即使国内市场中，核心技术也基本由大型跨国公司掌握。从登记软件类别来看，2013 年我国登记的软件主要包括基础软件、中间件、应用软件和嵌入式软件等四大类。其中，应用软件共登记 130938 件，约占全国登记总量 79.67%，登记数量最多。应用软件作为满足不同领域、不同用户需求而开发的软件，依然是我国软件行业研发的主要产品类型。此外，从我国软件出口结构来看，95%以上的软件出口业务属于信息技术外包(ITO)，软件产品出口占比较低，而在软件产品出口中仅有约 1/4 属于基础软件。

尽管我国目前已是专利申请量和商标拥有量的第一大国，但是技术含量和市场价值高的专利少,具有世界影响力和知名度的品牌少。2013 年以专利为主要指标的全球创新企业百强排名,中国企业无一上榜;以知名商标为主要指标的世界品牌 100 强当中,我国仅有 4 个。

(3)缺少标准必要专利

我国参与制定的国际标准少。长期以来,在外向型经济发展中,我国制造业出口大部分集中于产品加工和组装,出口竞争力主要依赖于生产要素的低成本,核心技术自给率较低、专利数量少,"中国制造"大而不强,也严重制约着我国经济的转型升级和经济结构战略性调整。据不完全统计,国际标准化组织(ISO)和国际电工委员会(IEC)发布的国际标准已近 20000 项,但中国企业参与制定的仅 20 余项,占比不足 0.2%。

(三)激励知识产权创造提升国家创新能力的主要路径

为了实现《国务院关于新形势下加快知识产权强国建设的若干意见》中提出的,到 2020 年促进知识产权创造能力的大幅提升,从而达到全面激励创新,为创新驱动发展战略的实施提供战略支撑这个目标,应当遵循以下主要路径。

1. 完善知识产权的激励机制

完善知识产权激励机制的关键在于充分发挥知识产权的产权激励和效益激励作用,让知识产权充分激发创新主体的创新活力。为了充分调动市场主体的创新活力,应当解决好知识产权的所有权、处置权、收益权"三权问题",完善各类知识产权相关的考核、认定、评价政策,发挥知识产权促进经济增长更加注重质量和效益的作用,为实施创新驱动发展战略提供知识产权支撑。2015 年 3 月 23 日,《关于深化体制机制改革加快实施创新驱动发展战略的若干意见》(以下简称《意见》)颁布。《意见》开篇在"总体思路和主要目标"中就明确提出,要把握好技术创新的市场规律,"让知识产权制度成为激励创新的基本保障"。《意见》强调要实行严格的知识产权保护制度,完善知识产权归属和利益分享机制,研究建立知识产权与产业发展相结合的创新驱动发展评价指标。这为加快知识产权强国建设,完善知识产权激励创新的机制提供了指导。

(1)完善知识产权审查和注册机制

为了进一步提高创新成果知识产权化的效率,应当建立计算机软件著作权快速登记通道,优化专利和商标的审查流程与方式,实现知识产权在线登记、电子申请和无纸化审批。完善知识产权审查协作机制。建立重点优势产业专利申请的集中审查制度,建立健全涉及产业安全的专利审查工作机制。合理扩大专利确权程序依职权审查范围,完善授权后专利文件修改制度。拓展"专利审查高速路"国际合作网络,加快建设世界一流专利审查机构。

(2)完善职务发明的权属制度

鼓励和引导企事业单位依法建立健全发明报告、权属划分、奖励报酬、纠纷解决等职务发明管理制度。

探索完善创新成果收益分配制度,提高骨干团队、主要发明人收益比重,保障职务发明人的合法权益。按照相关政策规定,鼓励国有企业赋予下属科研院所知识产权处置和收益分配权。

(3)建立以知识产权为重要内容的创新驱动发展评价制度

将知识产权产品逐步纳入国民经济核算,将知识产权指标纳入国民经济和社会发展规划。在对党政领导班子和领导干部进行综合考核评价时,注重鼓励发明创造、保护知识产权、加强转化运用、营造良好环境等方面的情况和成效。探索建立经营业绩、知识产权和创新并重的国有企业考评模式。按照国家有关规定设置知识产权奖励项目,加大各类国家奖励制度的知识产权评价权重。

2. 突出知识产权质量导向

为了提高创新创造的水平,实现知识产权创造由大到强、由多到优转变,建设知识产权强国应当突出知识产权质量导向,树立"数量布局、质量取胜"理念。2015 年,《国务院关于新形势下加快知识产权强国建设的若干意见》明确提出要实施专利质量提升工程,充分体现了中央对专利质量的高度重视。国家知识产权局作为专利工作的主管部门,积极落实党中央、国务院对专利质量的要求和部署,将专利质量提升工程列为重点工作,不断尝试调整和优化相关政策手段,出台了《关于进一步提高专利申请质量的若干意见》等一系列文件,提升专利质量。

(1)合理引导调整专利申请结构

在目前我国的专利申请制度中,由于实用新型和外观设计不用检索,只要初审通过即可授权,这就给很多申请人提供了提交非正常专利申请的便利。他们将现有技术,或现有设计,或是他人在先提交的技术或设计重新提交为实用新型或外观设计,初审通过后就获得授权。如能在实用新型和外观设计的审查制度中能适当加入初步检索等环节,即可过滤掉明显相同或相近似的申请,再进入后续程序。

(2)完善专利审查体系

提高对非正常专利申请的监控力度,将非正常专利申请流程纳入普通专利审查流程之中,通过电子申请与电子检索系统,实施对非正常专利申请的监控、分案与审查,运用法定方式对案件进行审查。

(3)建立以专利质量导向的考核评价体系

目前,各省市专利申请量的排名导致地方的"专利竞赛",忽视了对专利质量的引导。为了充分发挥专利考评体系促进专利质量提升的作用,应当逐步淡化对各省市专利申请量的排名,或者是在考虑各个省市专利申请量的同时,综合考虑专利"视撤、视放""专利权维持"的比率等。

(4)完善地方专利资助政策

地方专利资助政策对专利申请的资助重数量而不重质量,是导致我国产生非正常专利申请的重要原因之一,为业界所诟病。为了改变这一现状，应当将地方政府专利资助的重点由追求专利数量向追求专利质量转变，引导地方专利申请资助政策，加强 PCT 申请的专利质量导向，发挥政府财政资助的激励创新和提升创新质量的作用。

3.优化知识产权的全球布局

(1)拓展海外知识产权布局渠道

推动企业、科研机构、高等院校等联合开展海外专利布局工作。鼓励企业建立专利收储基金。加强企业知识产权布局指导，在产业园区和重点企业探索设立知识产权布局设计中心。分类制定知识产权跨国许可与转让指南，编制发布知识产权许可合同范本。

(2)完善海外知识产权风险预警体系

建立健全知识产权管理与服务等标准体系。支持行业协会、专业机构跟踪发布重点产业知识产权信息和竞争动态。制定完善与知识产权相关的贸易调查、应对与风险防控国别指南。完善海外知识产权信息服务平台，发布相关国家和地区知识产权制度环境等信息。建立完善企业海外知识产权问题及案件信息提交机制，加强对重大知识产权案件的跟踪研究，及时发布风险提示。

(3)提升海外知识产权风险防控能力

研究完善技术进出口管理相关制度，优化简化技术进出口审批流程。完善财政资助科技计划项目形成的知识产权对外转让和独占许可管理制度。制定并推行知识产权尽职调查规范。支持法律服务机构为企业提供全方位、高品质知识产权法律服务。探索以公证方式保管知识产权证据、证明材料。推动企业建立知识产权分析评议机制，重点针对人才引进、国际参展、产品和技术进出口等活动开展知识产权风险评估，提高企业应对知识产权国际纠纷能力。

(4)加强海外知识产权维权援助

制定实施应对海外产业重大知识产权纠纷的政策。研究我驻国际组织、主要国家和地区外交机构中涉知识产权事务的人力配备。发布海外和涉外知识产权服务和维权援助机构名录，推动形成海外知识产权服务网络。

三、加强知识产权保护，优化创新环境[①]

(一)知识产权保护与创新环境

1. 良好的创新环境是实施创新驱动发展战略的重要支撑

创新环境(innovation milieu)，最早是由欧洲创新环境研究小组为代表的区域经济研究学派提出的，强调产业区内的创新主体和集体效率以及创新行为所产生的协同作用。创新环境是指在创新过程中，影响创新主体进行创新的各种外部因素的总和。主要包括国家对创新的发展战略与规划，国家对创新行为的经费投入力度以及社会对创新行为的态度等。[②]

人才是创新的关键，良好的科技创新环境是人才成长的沃土，是人才潜能得以充分发挥的必要条件。美国一直持续促进科研创新环境的发展，如良好的政策和文化氛围、多渠道的自主模式，使其科学家的潜能得到充分的发挥，几乎一半的诺贝尔奖得主是美国籍，形成了美国在高技术和基础研究领域一直保持国际领先地位。诺贝尔奖获得者李远哲教授在北京大学100周年校庆时说："科学创新的关键问题是需要有一个肥沃的土壤，及人才成长和科学创造的环境。"环境和机制是人才成长和科学创造的基本条件，是原始创新的基础。环境是创新的动力，创新所需要的环境是创新驱动发展战略的重要组成部分，没有良好的创新环境，无法有效激发整个社会的创新动力，难以实施创新驱动发展

① 本部分内容获得2017年国家知识产权局软科学研究项目《创新驱动发展战略与知识产权强国建设的契合路径研究》支持。项目负责人：韩秀成。成员：刘淑华、王淇、武伟、陈泽欣、刘永超、黎金、王浚丞、宁峻涛。

② 吴永和、杜先林、李敏，《会计创新环境研究》，《会计之友》2007年第19期。

战略。实施创新驱动发展战略的关键是创新，创新的关键是人才，人才需要良好的创新环境。因此，良好的创新环境是实施创新驱动发展战略的重要支撑。

2. 创新环境优良是知识产权强国建设的重要指标

一国知识产权实力是知识产权强国据以确立其国际地位，发挥其国际影响和作用的基础。以知识产权能力强、知识产权效益高、知识产权环境优等体现出来的知识产权实力是国家竞争力的重要来源。

知识产权环境是将知识产权能力转化为绩效的基本因素，只有优良的知识产权环境，强大的知识产权能力才能为国家经济发展做出有意义的贡献，才能产生强大的知识产权国际影响力。知识产权能力的提升，以及能否转化为高水平的知识产权效益，离不开外部环境因素的影响。知识产权环境既包括崇尚创新、尊重和保护知识产权等文化环境，也包括法律和政策保障的法治环境，还包括以市场需求为导向的、政产学研一体化发展的市场环境。

（1）文化环境

知识产权和知识产权制度的产生，离不开文化土壤的培育和发展。知识产权制度在我国贯彻执行绩效较低的原因之一，在于中国传统文化认识上的差异对该制度的接纳与遵守的主观意愿不足。由于市场竞争主体的知识产权意识淡薄，企业知识产权创造、运用、保护和管理的能力不足，在知识产权竞争中处于劣势，特别是面对跨国企业的全球市场布局主动出击时往往处于被动挨打的局面，并且在全球产业链分工中处于低端。面对严峻的国际市场竞争形势，构建尊重知识、尊重人才、保护知识产权的文化氛围，提高知识产权意识，提升知识产权能力，成为知识产权强国建设必不可少的内容。

(2)法治环境

知识产权法治环境不仅体现在制度规范体系建设方面，还重点在于高效的法治实施体系、严密的法治监督体系、有力的法治保障体系等。从经济学的角度来看,制度创新一般是指制度主体通过新的制度构建以获得追加利益的活动,它是关于产业制度、产权制度、企业制度、经济管理制度、市场运行制度等各种规则、规范的革新。促进创新的制度体系,知识产权制度居于基础和保障地位。知识产权强国的法治环境主要指国家层面的各种知识产权法律制度和政策体系以及实践体系环境。知识产权法律制度在广义上包括知识产权立法、执法、守法、法律监督等环节产生的一切规范性法律文件的总称,而并非通常所理解的限于立法环节产生的知识产权法律的总称。知识产权法律制度体系可以由不同角度来观察,例如从权利对象的角度看,知识产权法律制度体系主要由《专利法》《商标法》《著作权法》等构成;从知识产权权利本身来看,知识产权法律制度体系包括知识产权权利对象制度、知识产权权利制度、知识产权权利归属制度、知识产权权利流转制度,以及知识产权权利保护制度。知识产权强国战略就是运用知识产权制度和资源,为提升国家核心竞争力而进行的长远性和总体性谋划,本身即是一种有利于创新的重要制度和政策安排。

(3)市场环境

知识产权作为一种独占权,"是和技术开发—产业—消费者组成的市场结构相对应的一种权利","保护知识产权的本来意义,在于在产品供应者(生产者)之间建立一种竞争秩序"。因此,知识产权制度为创新成果的权利化、实施转化、保护、运营等提供了一种合理的市场竞争秩序,对于优化创新资源的市场配置起着关键作用。通过对创新活动各个环节的知识产权分析、管理、运营和规划,可以促进人才、资金等创新要素的合理流动,吸引创新主体加大研发人力和经费投入力度,促进市场经济条件下创新资源和知识资源的高效配置。

知识产权对于创新的重要性在于不仅规定了创新者对自己的创新成果在一定期限内享有排他的专有权,还规定了对侵犯这种专有权行为的各种法律制裁措施,包括民事责任、行政责任和刑事责任。这样就可以有效制止未经创新者许可而违法使用创新成果的行为的发生，维持创新主体之间的公平竞争。同时，知识产权制度为了解决创新的动力机制问题，平衡竞争和垄断的冲突关系，在保护创新者个人利益的同时，还通过合理使用、法定许可使用、强制许可使用等制度，对创新者滥用权利的行为进行限制，以维护公平的市场竞争秩序，保证创新者个人利益与社会公共利益之间的平衡，以促进社会整体创新水平的发展。

3.知识产权保护对于营造创新环境的主要表现

知识产权一头连着创新，一头连着市场，是创新与市场之间的桥梁和纽带，是实现科技强到产业强、经济强必不可少的关键一环。实施创新驱动发展战略，建设知识产权强国，必须创造大规模高水平的关键核心知识产权，将知识产权转化为现实生产力，需要强有力的知识产权保护。党的十八大以来，党中央、国务院高度重视知识产权工作，将知识产权制度作为创新驱动发展的基本保障。党的十八届三中全会强调深化科技体制改革，加强知识产权运用和保护，并“探索建立知识产权法院”，将知识产权的运用与保护和创新驱动发展战略的结合提升到另一个高度。

在知识经济时代，经济发展转向创新驱动，使经济发展更多地依靠科技进步、劳动者素质提高和管理创新驱动，创新成为经济和科技发展动力和源泉。在国家综合国力的竞争中，经济和科技实力成为竞争的主要因素，而与经济和科技实力密切相关的知识产权实力，是经济和科技实力的形成和发展的重要保障和驱动力，成为经济、科技实力的核心和主导因素。

（1）知识创新体系离不开知识产权保护框架的支撑和保障

科技创新成果只有通过法律程序形成知识产权，才能转化为受到法律保护的权利。而科技创新成果也只有在体现为知识产权之后，其本身蕴含的技术优势才能转变为竞争优势，其被赋予的制造、销售等排他性权利才能转化为开拓市场的手段和对产品市场的掌控权，最终其才能在市场上得到更大的应用与发展。从一个国家的经济实力来看，知识产权对于一个国家在全球价值链中所处地位起着关键作用。一个国家在产品全球链的核心环节拥有专利和品牌等知识产权，直接关系到其经济实力的大小，同时，知识产权对于战略性新兴产业的培育发挥关键作用，有助于实现一个国家在全球创新系统中对领先产业的占有。因此，知识产权实力竞争成为国际经济和科技竞争的前沿，知识产权实力是沟通科技实力与经济实力的桥梁，是将科技实力等转化为经济实力的推动力。

（2）知识产权保护是塑造良好营商环境的重要方面

中央对加强知识产权保护提出明确要求，做出重点部署，构建了以《专利法》《商标法》《著作权法》等为代表的，立法水平达到世界先进的知识产权法律法规体系。2017 上半年，我国受理的 PCT 国际专利申请中，有 1600 件来自国外，同比增长 26％。知识产权保护支撑经济转型升级，为塑造良好营商环境和开放型经济“铺路架桥”，我国创新环境、营商环境显著改善。2017 年前 7 个月，我国新设立外商投资企业 17703 家，同比增长 12％。我国吸引外资规模连续 24 年位居发展中国家首位。[①]

（二）当前知识产权保护存在的主要问题

我国知识产权事业快速发展，取得了举世瞩目的成就。党的十八大以来，我国出台政策举措，完善法律法规，积极实行严格的知识产权保护制度，惩处违法行为，知识产权保护水平快速提升。2016 年，全国专利、商标、版权行政执法办案总量超过 8 万件，各级法院新收知识产权民事一审案件超过 13 万件，有力打击了各类侵权行为，有效保护了中外企业和知识产权权利人的合法权益。5 年来，中国知识产权保护

① 《5 年来我国知识产权保护社会满意度持续攀升吸引外资规模连续 24 年位居发展中国家首位》，《人民日报》，http://ip.people.com.cn/n1_0818/c179663-29479156.html，2020-01-13。

的社会满意度持续攀升，有力促进了对外开放和市场经济发展。[①] 但与此同时，当前知识产权保护实际效果与创新主体的期待仍然存在差距，权利人和专业人士满意度处于波动上升态势，社会公众满意度则没有明显改善。专利维权存在"时间长、举证难、成本高、赔偿低""赢了官司、丢了市场"以及判决执行不到位，挫伤企业开展技术创新和利用专利制度维护自身合法权益的积极性，这不利于营造良好的创新环境，以及影响创新驱动发展战略的实施。

1. 知识产权立法保护不完善

自改革开放以来，经过40多年的不懈努力，我国已经基本形成了适应自身发展需要，基本符合国际发展趋势的知识产权法律制度。知识产权法律制度对中国经济稳定、高速发展起到了重要的推动作用，然而，受我国知识产权制度建立时间较短、知识产权意识尚未全面普及、市场经济基础薄弱等因素影响，知识产权作为创新发展、经济转型、社会发展之有力武器的效用未能充分发挥。其显著表征为：我国虽然已经成为知识产权大国，但仍然不是知识产权强国，知识产权转化运用潜力有待进一步挖掘，引领产业发展的作用尚未完全发挥，对国家经济增长贡献率有待提升；在知识产权保护方面，维权成本高、侵权成本低的问题仍然不同程度存在。这些问题，都有待于通过完善知识产权法律制度来加以解决。

在加快转变经济发展方式、实施创新驱动发展战略的新形势下，在依法治国的旗帜下，只有坚决按照党的十八届四中全会《中共中央关于推进依法治国若干重大问题的决定》的要求，完善激励创新的产权制度，完善知识产权保护制度，以及完善促进科技成果转化的体制机制，才能有利于依法加强和改善宏观调控、市场监管，反对垄断，促进合理竞争，维护公平竞争的市场秩序。同时，完善知识产权法律制度，也是

① 数据来源于2016年知识产权保护满意度调查。

全面建设中国特色知识产权法治体系，建设知识产权强国的重要任务和光荣使命。为此，需健全知识产权立法体系，制定知识产权基本法，修订完善知识产权法律法规，营造优良的知识产权法治环境。

2. 知识产权司法保护效率不高

加快经济发展方式转变，实施创新驱动发展战略，是当前党和国家经济工作的重点。当今时代，知识产权对经济发展的重要作用已经举世公认，对知识产权保护的力度大小、强弱与效果，直接关系到相关产业的兴衰。因此，加强对重点领域知识产权的司法保护，的确有助于促进产业发展。

公正和效率是现代司法的基本原则。公正包含实体公正和程序公正，审判程序公正是指审判程序的法律正当性，包括合法性和合理性。实体公正是指结果的正当性，使权利享有者获得权利得到法律的保护。效率原则是指以最少的投入获得最大的产出，在诉讼法上指的是案件得以迅速解决。法谚有云"迟来的正义是非正义"，如果不遵循效率原则，即使最后得到了公正的判决，而当事人已经失去了很多利益或者结果不再有意义，那么权利最后还是没有得到法律的保证，这与司法的目的相违背。

在知识产权保护体系中，人民法院居于重要地位。近些年来，我国法院受理案件数量逐年上升，案件类型日趋多样化，在惩戒侵权行为、保护知识产权方面取得了一定成效，但在降低当事人维权成本、贯彻全面赔偿原则等方面还存在一些不足。知识产权案件审理过程复杂，审限过长，生效裁判难以及时执行到位，导致当事人经济负担过重，维权成本过高，影响司法保护知识产权作用的充分发挥。如何加大对侵权行为的惩罚力度、降低维权成本成为知识产权审判亟待解决的问题。另外，专利审判队伍建设和专利司法执法能力还有待进一步提高。

3. 知识产权行政保护不健全

专利行政执法力度不足，不能有效制裁和震慑专利侵权行为，不能充分发挥快速解决纠纷、维护市场公平竞争的作用。

由于知识产权本身具有的无形性，其通常还与有形载体直接关联。这就使得同一物品中可能存在多样性的行政管理关系。例如，对盗版软件产品的打击，可能涉及具有行政执法权的机构包括：版权部门、工商部门、城管部门、工信部门、文化执法部门、商务部门、公安部门和海关部门。因此，作为打击侵犯知识产权犯罪主要力量的公安部门经济犯罪侦查机构和作为打击知识产权侵权产品零售渠道主要力量的工商部门市场监管机构和住建部门城市管理机构，作为控制互联网和软件行业侵犯知识产权行为的主管机构工业和信息化部，以及作为文化领域知识产权管理主管机关的文化部门和广电部门，也都是中国知识产权行政执法的重要组成力量。然而，这种分散管理形式对执法权的分配过于专业和细致，导致执法主体过多，不易协调，且行政管理成本过高，显然会影响执法的效率，这也是我国知识产权行政执法最受诟病之所在。

4. 知识产权保护机制的不协调

近年来，国家知识产权局积极组织全国知识产权系统通过开展集中检查、集中整治、集中办案活动，不断加大执法办案力度，深入开展“雷雨”“天网”“护航”等专项行动，有效遏制了知识产权恶性侵权行为多发的态势，为营造公平有序的市场环境发挥了重要作用。但整体而言，目前我国知识产权行政保护的多元多层级分散保护模式还存在较大弊端，也不太适应国际上知识产权行政保护的发展趋势，从而限制了知识产权行政保护的执法效果。从法治角度而言，需要建立稳定的行政执法长效机制，而这首先需要执法队伍或执法力量的稳定、高效。在现有机构设置框架下，整合已有的知识产权执法力量，建立专业、高效、联动的知识产权综合执法队伍，增强基层执法力量，改善行政执法条件,是实现知识产权行政执法专业化、常态化的可行选择。[①]

从国际知识产权行政保护发展的基本趋势来看,建立较为统一的知识产权行政管理机构是主流做法,“据统计,全球90%加入WTO的成员方在知识产权管理体制方面的做法主要有两种:一种是商标、版权、专利‘三合一’,另一种是商标、专利‘二合一’”[②],而我国是少数采取分散管理的国家之一。

从我国来看,深圳市早在2008年就试点建立了专利与商标“二合一”的知识产权管理模式,2014年上海浦东则成立了包含专利、商标与版权在内的“三合一”模式的知识产权管理与执法机构。通过试点运行,浦东知识产权管理机构初步形成“监管和执法统一、保护和促进统一、交易和运用统一”的工作体系,做到“一个部门管理、一个窗口服务、一支队伍办案”,从而有助于提高知识产权保护工作效率。并以管理体制改革为契机,为该地区未来促进知识产权的产业化、商用化,为创新型经济发展营造良好的监管环境。所以,从国内外经验来看,建立“三合一”或至少是“二合一”式的知识产权管理体系是“十三五”期间加快知识产权行政体制改革、推动创新驱动发展的重要工作。

(三)建设知识产权强国营造创新环境的主要路径

1.完善知识产权立法体系

(1)加快法律制度体系建设

知识产权制度设计中,需要明确知识产权保护的边界,最优地发挥知识产权制度激励、保护创新的功能。一方面,知识产权制度鼓励知识和技术创新,并对创新者权益进行保护;另一方面,知识产权制度设计,应根据自身社会经济发展程度和技术进步的要求,审慎平衡其中利弊,

① 何炼红,《加强行政保护 为创新驱动发展保驾护航》,载《中国知识产权报》2015年5月25日。

② 凤飞伟,《知识产权行政执法谋求“三合一”》,载《南方日报》2008年12月26日。

防止对于知识产权的过度保护。

①深入推进我国知识产权法律体系完备化和体系化

推进《著作权法》《著作权实施条例》《专利法》《专利法实施条例》《商标法》《商标法实施条例》的修改工作；尽快完成《专利代理条例》的修订；研究制定《商业秘密保护法》《职务发明条例》等；针对技术创新和科技成果产业化进行立法，推进《促进科技成果转化法》的修订工作，修改完善《科学技术进步法》等法律法规，促进技术成果转让；尽快制定针对智能终端领域“图形用户界面”外观设计保护的法律规范，研究外观设计单独立法的可行性；研究制定电子商务领域知识产权法律规范。

加强知识产权法律法规与经济、科技、贸易方面的法律法规的统一、协调。一方面，修改完善《反垄断法》等法律法规，维持统一开放的市场秩序。市场化程度越高，对反垄断行为的要求就越高。现行法律中“在垄断行为发生后再进行执法调查”的漏洞必须通过审查机制堵住。已经启动的首次《反垄断法》的修改工作，要针对垄断行为建立事先审查机制，把公平竞争审查制度法制化。另一方面，建立知识产权主管部门与其他部门在知识产权相关法规制定和实施中的信息沟通和协作机制，促进相关法律制度之间的相互衔接。依据《反垄断法》的有关规定，研究和制定滥用专利权构成垄断行为的判定标准和程序；积极推动涉及知识产权的国家标准管理规定的出台，制定国家标准涉及知识产权问题的处置原则以及披露义务相关规范；健全对外贸易和海关相关法律法规中与知识产权有关的规定和协作机制；加强遗传资源管理制度与专利制度之间的协调与衔接。

②制定、修改、废除、解释相关知识产权法律法规

促进技术进步与创新是知识产权法律制度尤其是专利制度的目的和宗旨。知识产权法律制度的建构需要解决创新者在创新及其成果维护、使用方面所遇到的各类困难，消除和缓解市场失灵现象，应从知识产权的创造、运用和权利的保护多方面着手。

知识产权的创设方面,创新资源得到最优配置的第一步是确定创新成果的归属。明确以国家投资为主完成的发明创造的归属,明晰上述发明创造的推广利用政策,充分发挥国家财政对我国自主创新及其推广应用的促进作用。此外,要严格授予专利权的条件,提升授予专利权的发明创造质量;修改完善专利确权程序、缩短专利确权和纠纷的处理时期。知识产权的运用方面,充分发挥技术创新对经济发展的支撑作用,最重要的就是促进知识产权的运用实施。我国的《专利法》可以借鉴其他国家促进专利实施的规定,结合我国的当前现状和未来发展需求,制定促进知识产权运用的制度。

知识产权的保护方面,完善专利行政执法、专利侵权判断标准相关规定;针对专利转让、许可、质押中的新问题,及时予以规范;尽快出台关于专利侵权判断标准的司法解释。在加强专利保护的同时,也要研究制定规制专利权滥用的法律规范。相关具体措施包括:进一步完善专利侵权诉讼中的现有技术抗辩制度;规定诉讼担保或恶意诉讼赔偿制度,以规制专利权滥用行为。

③建设以知识产权为导向的公共政策体系

公共政策是国家、政府、公共权力机关利用公共资源,达到解决社会公共问题,平衡、协调社会公众利益目的的公共管理活动。知识产权公共政策应该具有明确的目标取向,即通过知识产权公共政策的有效实施,为本国经济社会的发展提供持久动力。

我国知识产权公共政策体系,应该以实现知识产权政策与法律制度以及其他领域政策之间的协同效应和功能整合为目标。一方面,将知识产权法律制度和公共政策在适用范围、效力等要素上实现有机衔接、功能互补;另一方面,推动知识产权政策与科技创新、市场竞争、贸易、公共卫生等领域政策的体系化和有机统一,发挥知识产权政策在其他领域的积极作用,要确保财税金融、风险投资、公共采购、研发投入、技术创新、进出口、反垄断等政策工具向有利于知识产权的创造、产业化方面倾斜。统筹国内知识产权政策与知识产权领域的对外贸易政策、外交政策，将有利于中国发展的知识产权制度建设成果转化为国际规则。

2. 健全知识产权司法保护

积极推进知识产权司法保护体系建设，合理设置知识产权审判机构，合理调整知识产权审判标准，有效控制诉讼时间和诉讼成本。

(1)合理设置知识产权审判机构

在案件相对集中的地区设立知识产权巡回上诉法庭进行审判，综合审理知识产权民事、行政和刑事案件。加强基层法院知识产权审判机构建设，加强基层法院资源投入，提升基层法院知识产权审判能力。建立知识产权司法协助机制，积极开展知识产权取证和查证方面的区域司法协助，推动开展知识产权执行方面的区域司法协助。

(2)合理调整知识产权审判标准，有效控制诉讼时间和诉讼成本

根据各类知识产权的不同特点和保护需求，明确分门别类、区别对待和宽严适度的宏观司法政策，推进知识产权审判工作的规范化和统一性。集中查处一批侵犯知识产权的大案要案，加大对反复侵权、恶意侵权等行为的处罚力度，针对情节严重的情形实施惩罚性赔偿制度。诉讼程序流畅清晰，兼顾公平与效率，不出现重复繁杂的诉讼环节，将诉讼时间和诉讼成本控制在合理范围内。完善权利人维权机制，合理划分权利人举证责任。

3. 加强知识产权行政保护

建立统一的知识产权行政保护队伍，提高行政保护效率，持续加大知识产权行政保护力度，有效遏制知识产权侵权假冒行为，及时化解知识产权领域各类纠纷矛盾，维护稳定的社会秩序与诚信的市场秩序。

(1)建立统一的知识产权行政保护队伍

加快体制改革、资源整合，推动知识产权行政保护队伍统一化和规范化，提高行政保护效率。加大财政资金投入，加强行政保护装备和条件建设，加大执法人员培训力度，提高执法人员专业素质。建设并完善知识产权执法案件信息报送系统、办案系统、举报投诉系统。

(2)加大行政保护力度，有效遏制侵权假冒行为

创新行政保护机制，加强电子商务、展会、进出口、自贸区等重点领域知识产权行政保护力度，加大对食品药品、医疗器械、环境保护、电子信息等民生和高新技术领域的知识产权案件查处力度，组织查办跨地区及社会反响强烈的知识产权侵权假冒案件。强化知识产权行政保护办案信息公开工作，将有关侵权假冒信息纳入社会信用体系，大力支持配合社会信用体系建设工作。

4.构建协调高效的知识产权保护机制

优化知识产权机构的设置、职能配置，构建权责明确、协调顺畅的知识产权行政管理体系。加强中央与地方的沟通协调，促进其合理分工，凝聚管理合力。针对不同地区、不同部门、不同产业以及知识产权运行的不同阶段，因时因势、因地制宜地创新手段，增强经济调节的针对性和灵活性。深化我国知识产权行政管理部门改革，理顺各级知识产权职能部门的关系，优化知识产权行政管理体系。加强知识产权行政管理部门的软硬件建设，提高公共服务和依法行政水平。

尽快完善具有独立建制或编制的省、市、县三级知识产权管理机构。由于历史形成的原因，我国知识产权管理体制比较混乱，迄今在一些市、县缺乏专门的知识产权管理机构。有些虽然挂了牌子，但是在管理体制、人员编制、配套资源方面仍不完善，这直接影响到地方知识产权事业的蓬勃发展。特别是在国家大力推动创新驱动发展战略的背景下，各地都纷纷结合自身资源禀赋建立起具有地方特色的创新驱动发展战略。但知识产权无疑是创新驱动发展的核心。若缺乏专门的知识

产权管理与执法机关，既无法从整体上有效把握当地创新驱动发展的基本方向，也缺少为推动当地创新驱动发展的可靠保证力量。所以，建立健全具有独立编制的省市县三级知识产权管理机构是强国建设中加快知识产权行政体制改革、推动创新驱动发展的工作重点，至少应当在地级市和知识产权较发达的县级市健全具有独立编制的知识产权管理机关。为知识产权工作运用法治思维与法治方式推进创新驱动发展提供广泛的社会组织保障。

(1)充分发挥重点行业协会的作用，成立全国性的知识产权非诉解决机构。目前，一些经济发达地区已在尝试建立专门的知识产权非诉解决机构，但迄今为止尚没有一个全国统一的知识产权非诉仲裁机构，有限的地方性知识产权非诉解决机制实践还处在各自为战的初期摸索阶段。因此，成立全国性的知识产权非诉解决机构并制定其内部的组织规则是运用法治思维和法治方式解决知识产权纠纷、推进创新驱动发展的重要途径。

(2)培育一批社会调解组织和培养一批专业调解员，加快推进建立知识产权侵权纠纷快速调解机制，是运用法治思维和法治方式解决知识产权纠纷推进创新驱动发展的重要手段。同时在知识产权企业聚集地区设立维权服务援助分中心或工作站，帮助被侵权的知识产权企业制定比较完善的维权方案，给经济困难的权利主体提供无偿法律帮助。

(3)完善知识产权仲裁制度。第一，现有仲裁庭设置已不能满足大数据时代裁决知识产权纠纷的需要。可以在经济比较发达的城市或者各省会城市设立专业化的知识产权仲裁庭。第二，严格限制知识产权仲裁庭仲裁员门槛，尽量聘请兼具法律知识和科技艺术类知识的专业人才。第三，仲裁与调解相结合，建立灵活的仲裁裁决机制，鼓励双方选取对所涉案件和当事人都比较了解的仲裁员。

(4)发挥公证机关在知识产权和解中的作用，加强公证和解制度构建。和解在整个非诉机制中是时间短、花费低、效率高的纠纷解决方法。应当大力宣传,引导企业建立先“和解”再“调解”最后“诉讼”的观念。经过公证机关确认后,和解书即具有法律效力,这样既能解决纠纷又能成为执行的依据。

四、促进知识产权运用,提升创新效益[①]

(一)知识产权运用与创新效益

1. 知识产权运用的含义

“运用”一词的主要含义是指把某类事物用于预期适合的某一目的,即根据事物的特性加以利用。依照微观经济学的供给与需求理论,物质生产和精神生产的目的同样都是用于交换[②],知识产权作为法律明确赋予的产权形式,可以成为生产要素进入社会劳动生产及经营活动之中,并通过运用手段和方式,实现知识产权的高效益和价值增值。从实现价值的层面来讲,知识产权运用就是实现价值过程中集合的各种方式,包括专利实施、专利储备、专利信息传播及利用、专利产业化、专利许可转让、专利质押融资等诸多内容。[③] 在概念的外延范围上,专利运用要大于专利运营。

2. 促进知识产权运用对于实施创新驱动发展战略的重要意义

“强化知识产权创造、保护、运用”,是党的十九大为知识产权工作提出的未来战略实施的主要攻坚难点。知识产权运用被提上政府工作的重要议程,这既与我国强调将科技创新摆在国家发展全局核心位置的目标相一致,同时也显示出国家对知识产权与创新型国家建设工作

---

① 本部分内容获得2017年国家知识产权局软科学研究项目《创新驱动发展战略与知识产权强国建设的契合路径研究》支持。项目负责人:韩秀成。成员:刘淑华、王淇、武伟、陈泽欣、刘永超、黎金、王浚丞、宁峻涛。

② 吴汉东,《知识产权多维度学理解读》,中国人民大学出版社2015年版,第306页。

③ 毛金生、陈燕、谢小勇等,《专利运营实务》,知识产权出版社2013年版,第31页。

部署的深度融合，是寄望于依靠知识产权促进创新驱动发展，推进国家创新体系、现代化经济体系建设的显著体现。

知识产权运用是影响我国当前创新驱动发展战略实施的关键节点。中共中央、国务院印发《国家创新驱动发展战略纲要》指出，完成创新驱动发展战略目标的第一步，是"到2020年进入创新型国家行列，基本建成中国特色国家创新体系，有力支撑全面建成小康社会目标的实现"，为实现该目标，需着力推动"创新型经济格局初步形成。若干重点产业进入全球价值链中高端，成长起一批具有国际竞争力的创新型企业和产业集群。科技进步贡献率提高到60%以上，知识密集型服务业增加值占国内生产总值的20%"，同时要促进"创新体系协同高效。科技与经济融合更加顺畅，创新主体充满活力，创新链条有机衔接，创新治理更加科学，创新效率大幅提高"。由此可见，要顺利实现我国产业发展结构高端化、提升知识产权附加值、促进科技与经济通畅衔接的创新驱动发展战略目标，需要持续进行高水平、大规模的知识产权创造与有效运用，使知识产权驱动成为创新驱动的主要动力，使知识产权驱动发展助力创新驱动发展。

创新发展需要始终坚持三个基本方向。第一，科技创新要瞄准世界科技前沿，实现前瞻性基础研究、引领性原创成果的重大突破。第二，科技创新要面向国民经济发展的主战场，实现创新紧跟市场，产权有效激励，创新要素自由流动配置。第三，科技创新要面向国家重大战略推进的实际需求。对于目前的中国而言，创新驱动发展战略的大力实施，是一项在全社会进行的制度创新实践，是促进我国建立创新型国家，助推我国社会生产力快速发展，大幅提升综合国力的重要战略支撑。实施创新驱动发展战略，首先必须将发展的基点放在创新上面，而创新必须落实到创造新的增长点上，把创新成果变成实实在在的产业。创新驱动发展战略实施以来，如何更高效地实现创新成果的转化，真正与市场需求对接，形成经济新常态下新的发展动力，如何不断丰富知识产权运用途径，有效集结市场创新资源，提高科技发展由量的增长向质的提升飞跃，都迫切需要通过加强知识产权运用体制机制的顶层设计、优化整合和统筹规划，来进一步为我国的创新驱动发展夯实发力加速的基础。

知识产权的有效运用是创新发展的基本目标。就一个国家的创新实力和知识产权实力来讲，可以由知识产权数量规模、质量水平和转化实施三个关联指标进行判定。从我国近几年的专利、商标等申请、注册数量和规模来看，整体上趋于持续快速上升趋势，较为可观，但质量水平和成果转化运用效率和效益尚待提高。虽然我国已成为知识产权大国，但我国经济社会发展急需的知识产权尤为不足，产业关键核心知识产权相当缺乏，创新成果转化存在体制机制障碍，这在很大程度上对创新驱动发展战略强化科技与经济对接战略目标的实现产生不利的影响，偏离我国创新发展的目标方向。有鉴于此，知识产权的获得并不是创新活动的终点，关键在于，创新成果通过获得知识产权制度保护之后，能够在市场中进行转化利用而形成现实的生产力。要实现科技创新带动经济社会发展动力的根本转换，必须在知识产权的转化运用上多做文章，通过转让、许可、质押等方式将专利转化为直接的经济效益，将创新成果真正用活，实现科技创新的驱动目标。

3. 知识产权运用效益高是知识产权强国的重要指标

知识产权强国的建立依赖于知识产权制度的良好运转，知识产权制度实施效果好，某种程度上讲，就是体现为知识产权运用效益高，能够将创新成果变为经济效益，保证创新成果真正实现本身价值。完成创新活动和获得创新成果，仅是实施创新驱动发展的第一步，要使相关的活动和成果有效转化为生产力和核心竞争力，产生经济效益，驱动经济社会的良性发展，需要相应的桥梁与纽带。知识产权运用可以提供这样的桥梁和纽带。

就本质而言，知识产权强国既是一个创新型国家，也是知识产权产业化程度高的国家。知识产权的良好运用能够极大促成产业化，实现经济社会效益的大贡献率。实现知识产权的高产业率，必须以强大的知识产权综合实力为基础。强大的知识产权综合实力具体包括创造、运用、保护及管理能力。从知识产权强国特征描述评价指标体系[①]来看，知识产权能力指标中，知识产权运用作为具有较强敏感性和代表性的重要度量要素指标，从知识产权许可出口收入占服务贸易出口比重、知识产权许可贸易差额、版权密集型产品贸易差额、企业与大学研究和发展协作程度四个维度，对知识产权运用在专利许可比例、知识产权密集型产业发展以及产学研合作的相关内容方面进行指数计算和分析，有效表征出特定历史条件下知识产权强国所具综合实力的发展变化情况。

知识产权运用可以保障创新资源、创新成果在市场主体之间的流动，知识产权运用是创新知识商品化的基本前提，在知识的创造活动中发挥着资源配置的作用。知识产权运用的核心是促使创新成果成为社会生产力，这一制度在一定程度上使整个社会的创造活动得以不断定向，使整个社会投入创新活动的人力、物力得以实现较为有效的配置，避免资源的浪费。为使知识产权运用、自主创新以及知识产权强国之间的正相关关联在经济增长中体现出来，我国应当逐步尝试建构适合本国国情的国家知识产权强国建设体系和知识产权运用体系网络。一方面，加速转化、有效对接，制定系列法律、政策和措施，建立和完善创新成果市场化评价机制，进一步加强高校科研机构技术转移工作体系建设，在高校科研机构中建立专业的技术转移工作机构，要明确技术转移机构的职责、定位，加强人员培训，建设专业化技术转移人才队伍；另一方面，丰富渠道、拓展价值，积极开拓知识产权质押贷款、专利保险、专利作价入股渠道和模式，为正在发展中的科技型中小企业的发展输

① 该指标体系来源于国家知识产权局知识产权发展研究中心知识产权强国研究报告《知识产权强国基本特征与实现路径研究》。

送新鲜“血液”。通过建立知识产权运用网络系统，激励知识生产，促进知识的传播和应用，使知识变成现实的生产力。

（二）当前知识产权运用存在的主要问题

1.知识产权实施转化率低

知识产权强国能力强和绩效优的根本在于环境佳，与此形成对照的是我国的知识产权环境还存在一些不尽如人意的问题。正如习近平总书记指出：“多年来，我国一直存在着科技成果向现实生产力转化不力、不顺、不畅的痼疾，其中一个重要症结就在于知识产权的价值链条上存在着诸多体制机制关卡，创新和转化各个环节衔接不够紧密。”“科学研究既要追求知识和真理，也要服务于经济社会发展和广大人民群众。广大科技工作者要把论文写在祖国的大地上，把科技成果应用在实现现代化的伟大事业中。”科技要发展，必须能使用。科技水平已经成为影响世界经济周期最主要的变量之一，也是决定经济总量提升的最主要因素。每一次科技革命都会扩大经济总量，为经济发展带来一个黄金发展期。[①] 因此，要面向经济主战场，推动科技和经济社会发展的深度融合，打通从科技强到产业强、经济强、国家强的通道。

在高校及科研院所方面，目前存在内部技术研发与外部政府扶持政策、市场运营情况相脱节的问题。以中科院为例，除委托的具体技术研发项目以外，技术发展方向类的研究对于市场考虑很少，中科院技术拍卖即是科研单位技术转让趋于被动的表现之一。高校及科研院所出口转让技术不多的原因包含两个层面：其一，技术交易的动力不足，购买专利的目的在于政策扶持上面，实际应用很少；其二，涉及国有资产管理，与企业相比，高校及科研院所会有更多需要谨慎考虑的因素。

---

① 参见《习近平指出科技创新的三大方向》，人民网，http://politics.people.com.cn/n1/2016/0602/c1001-28406379.html，2017-10-26。

在激励机制方面，制度不完善造成科技成果转化存在制度性障碍。主要表现为：一是科研院所的知识产权转化率低，“重申请，轻运用”、权威评估机构缺失以及公立高校专利属于国有无形资产，对外转让要向教育部、财政部备案审批，流程非常漫长等因素导致我国高校和科研院所存在大量“沉睡”的知识产权资产，专利带来的直接经济效益仍很有限；二是企业知识产权转移扩散意愿不强，受企业竞争态势、知识产权保护环境等因素影响，企业担心转移知识产权不但不能给自己带来一定的经济收益，反而惹来更多的侵权和损害，对外转移知识产权的意愿也不强。

当前，我国还没有形成有效推动知识产权创造运用的公平、开放、透明的市场，中小企业知识产权创造和知识产权运用中的市场失灵还普遍存在。形成知识产权转化运用模式落后，各种法规政策缺陷与冲突并存，转化运用收益分配制度还存在很多不足等问题。

2. 知识产权运营体系不健全

知识产权资本化程度低下，知识产权资本运营体系发展滞后。一是纯知识产权质押融资份额小，依赖性大。我国目前开展的知识产权质押融资服务多需要政府资金或不动产进行资金支持，即通过知识产权质押融资资金中，有相当一部分是让提供知识产权质押融资服务的金融机构放心的“放心资金”，其余的部分才是纯知识产权质押融资的资金。这其实表现出我国知识产权质押融资服务市场化的不足。二是产品服务主要以商业性银行为主，其他金融机构参与度低。目前我国知识产权融资服务的提供主体主要是商业银行，而且多数是国有大型商业银行，其他金融机构参与度非常低。与知识产权融资服务非常发达的美国相比，美国从知识产权证券化、信托型 SPV 到融资担保，参与知识产权融资服务的大多数是多元化的金融机构，融资服务也是以市场化服务为主，而我国目前知识产权融资服务中这一方面相当薄弱。三是融资产品类型单一，信用担保服务体系尚未全面建立，目前我国知识产权融资产品类型基本以知识产权质押为主，深圳市虽然尝试进行了知识产权资本化和证券化的探索，但是尚未投入实践。与知识产权质押融资息息相关的信用担保服务在我国虽然已有开展，但是尚未形成完整、有效的服务体系。四是资本化和证券化发展的道路尚未投入实践，目前我国的知识产权资本化和证券化融资尚未提上日程，资本化和证券化道路的通畅直接影响着我国知识产权融资的市场化发展。五是多级多元资本市场尚未完善，以汇率作为主要调节手段的市场传导机制尚不完善，我国金融业也处于由分业阶段逐步向混业阶段过渡期，法律机制、机构设置、市场层级、产品种类、风险分担机制、金融监管等等都有欠缺，这是我国知识产权无法深入开展资本化和证券化融资的一个重要制约。六是知识产权交易平台尚未普及，除上海、天津等发达地区以外，我国大多数地区尚未建立知识产权交易平台，无法利用交易平台落实知识产权金融政策，难以吸引国内外资本进行知识产权投资。

专利运营体系的运作都离不开信息化基础设施的良好支持。目前，专利信息平台在地方布点较多，但平台利用效果不佳，长期以来，政府部门将知识产权工作，尤其是专利信息和知识产权保护工作都提到了一个很高的高度，地方陆续出台了促进专利信息资源利用的政策，从2007年开始部分地方已经设立对企业专利信息利用和平台建设的专项支持。在互联网还不够普及的时期，地方信息平台在专利信息检索查询方面发挥了很大的作用。前些年国家提到建设专利信息架构的三级平台（即以国家专利数据中心、区域专利信息服务中心、地方专利信息服务中心三级架构为支撑的全国专利信息公共服务体系），在每个地方进行了布点，但实际上这类信息平台并没有得到充分利用。原因在于：一是对信息平台的使用和维护而言，平台的IP地址都有限定，范围被规定在一定区域内；二是很多地方性机构并没有专业的专利信息人才去维护这个系统，包括信息系统升级在内的技术性工作还需依靠专业机构做一些服务。国家建立这些专利信息平台的初衷，是希望地方在基础信息上面能够承担工作，商业软件能够得到推广，但就实际效果来讲并未达到预期，反而是江浙一带的一些民营企业做得更好更到位。各部门决策信息不通畅，信息平台管控不到位的情况，造成知识产权运营的又一道屏障。

3. 知识产权密集型产业不发达

在不同经济发展阶段，经济增长的动力机制不同。受到全球化新技术变革及新产业革命的影响，以开放式创新和价值量竞争为典型的创新和竞争模式已经成为各国技术创新发展的主流，为最大限度争取并创造出更有竞争力的经济市场，欧美发达国家或区域性组织均陆续规划制定本国经济增长的长期战略，将创新作为战略的关键所在，致力更好地引导发挥知识产权引领经济发展的重要作用。在此时代背景下，知识产权密集型产业进入人们的关注区。

目前美国以知识产权密集型产业对国家经济的贡献为视角，已先后两次发布《知识产权与美国经济》研究报告，即 2012 年《知识产权与美国经济：产业聚焦》及 2016 年 9 月由美国经济和统计管理局、美国专利商标局联合发布的《知识产权与美国经济：2016 年更新版》，具体就知识产权密集型产业对美国整体经济的影响作用进行全面评估。从 2016 年的报告中可以看到，2014 年美国共 81 个知识产权密集型产业，共创造产值 6.6 万亿美元，较之于 2010 年的 5.06 万亿美元，增长了 1.5 万多亿美元，增幅为 29.6%，知识产权密集型产业占 GDP 的比重，也从 2010 年的 34.8%上升到 2014 年的 38.2%，商标密集型产业创造产值 6.1 万亿美元，占 GDP 比重为 34.9%，专利密集型产业创造产值 8810 亿美元，占 GDP 比重为 5.1%，版权密集型产业占 GDP 比重为 5.5%。知识产权密集型产业直接提供就业岗位 2790 万个，间接创造就业机会 1760 万个，占美国就业总量的 30%，占全部就业岗位的 18.2%，商标密集型产业提供就业机会 2370 万个，专利密集型产业提供 390 万个，版权密集型产业提供 560 万个。[①]

受美国启发，欧洲专利局和欧盟知识产权局也对知识产权密集型产业对经济的贡献进行了具体统计和评估，2013 年两局联合发布了《知识产权密集型产业对欧盟经济及就业的贡献》报告，2016 年两局再次联合发布《知识产权密集型产业及其在欧盟的经济表现》研究报告，对 2013 年报告内容进行了延续性的数据更新，增加了植物品种权的经济影响数据分析。2016 年报告显示，2011—2013 年，欧盟总经济产出的 42%以上产生于知识产权密集型产业，商标密集型产业贡献 36%的 GDP，外观设计、专利密集型产业分别贡献 13%和 15%，知识产权密集型产业的直接就业人数为 6000 多万，占总就业人数的 28%，其中就业机会有 21%在商标密集型产业，外观设计 21%，专利 10%，版权 5%，知识产权密集型产业创造 2200 万个间接就业岗位，就业人数较多的行业主要为专利密集型和商标密集型产业。[②]

近年来，我国在知识产权强国建设方面有了较为显著的工作成效，为了进一步促进知识产权的高效转化运用，扎实推进知识产权密集型产业培育工作，国家知识产权局制定了《专利密集型产业目录（2016）》（试行），并根据目录分类及认定标准，制定出台了《中国专利密集型产业主要统计数据报告（2015）》。报告表明，我国 2010—2014 年专利密集型产业增加值合集为 26.7 万亿元，占国内生产总值的比重为 11.0%，年均实际增长 16.6%，专利密集型产业平均每年提供 2631 万个就业机会，占全社会年平均就业人员的比重为 3.4%。[③] 据国家知识产权局和统计局 2020 年发布的数据显示，2018 年全国专利密集型产业

① 《知识产权密集型产业对美国经济的贡献——〈知识产权与美国经济：2016 更新版〉研究报告述评》，http://www.sipo.gov.cn/zlssbgs/zlyj/201704/t20170405_1309242.html，2017-10-26。

② 《知识产权密集型产业及其在欧盟的经济表现》报告评述，http://www.sipo.gov.cn/zlssbgs/zlyj/201704/t20170405_1309242.html，2017-10-27。

③ 《中国专利密集型产业主要统计数据报告（2015）》，国家知识产权局网站，http://www.sipo.gov.cn/zlssbgszlyj201704/t20170406_1309282.html，2017-10-27。

增加值占 GDP 的 11.6%。

从上述研究报告的统计数据中能够了解到，与美国、欧盟相比较而言，我国的知识产权密集型产业在对国家经济以及社会就业的贡献作用上还有较为明显的差距，远低于发达国家及地区的水平，反映出我国在知识产权运用效益方面存在问题，当前与知识产权密切相关的产业，尤其是专利密集型产业正在成为经济增长的新源泉，真正切实推动产业发展向创新驱动的方向转变，因此必须引导政府和企业更加重视知识产权在产业发展中的作用，大力提升知识产权密集型产业的发展水平，进一步优化我国经济的质量和构成。

4.知识产权中介服务水平不高

知识产权中介服务体系不完善、知识产权服务业不发达。第一，中介服务专业化水平亟待提升。以专利代理为例：一是专利代理领域的细化分工有待深入发展，如美国有专门做专利诉讼的代理机构；二是专利代理人员从公司到代理机构的双向交流机制缺失；三是国内对专利代理人职业认知水平低。第二，知识产权交易市场与服务体系建设滞后，目前我国知识产权交易市场仍集中于少数城市，辐射范围有限，跨区域的中介服务体系培育不足、交易方式创新不足、融资效率低下、复合型人才匮乏等因素制约了知识产权转移交易的市场体系建设，对知识产权流动和价值增值造成了障碍。第三，中介服务政策法规体系存在较大不足。国家尽管不断重视知识产权贸易相关中介服务的发展，但现有的政策对中介服务的支持力度较小，并且国家层面的支持措施原则性规定较多。有些地方虽然各自出台了一些具体的支持措施，但是支持政策措施单一，资金保障和政策的可持久性不足、法律效力不足。此外，大多数中介机构的法律地位、经济地位、管理体制、运行机制等还未得到明确。在行业管理方面，知识产权市场中介服务的行业性协会组织严重缺位；在机构制度建设方面，很多机构参照事业单位进行管理，非营利性机构等制度尚未真正得到实施。中介服务发展的政策法规体系的不足直接导致了现有的中介服务发育程度低下、交易方式单一、专业人才匮乏，中介服务发展严重滞后，不利于支撑知识产权贸易的快速发展。

（三）建设知识产权强国、提升创新效益的主要路径

1. 建立市场导向的产学研用协同创新体制

知识产权是个庞大的体系，涉及面广，所以需要政府相关部门、私营部门和学术界的合力。国家、大学、企业事业单位、知识产权服务机构在实施国家知识产权战略过程中所必须承担的责任和义务有所不同。政府、高校及科研院所、企事业单位是战略及计划执行的主要主体，其中，高校的创新功能正在扩大，它不仅承担着传统的教育和研究功能，而且还要承担技术转移的新功能。

目前我国知识产权领域的政府部门、大学、科研机构和社会组织机构基本都是各自为政，缺乏全国性、权威性的组织来搭建平台进行合作。因此，首先，应大力推动政府与社会组织主体的合作，发挥社会组织和行业协会在知识产权保护、运用和服务中的重要作用，加强知识产权有效治理。发展知识产权中介机构或行业协会，实现这些主体与政府对知识产权管理的有机协作。在具体协作上，政府管理部门主要负责政策制定和宏观指导，具体政策措施可由相关的非政府组织去执行，并且由相关非政府组织负责联系政府和企业，更好地为企业提供咨询和支持性服务。其次，要实现政府与专业科研机构和高校的合作，加强政府部门与重点大学和研究机构的沟通，加强科研院所和高等院校创新条件建设，让各类人才的创新智慧竞相迸发，为高校和科研院所创新成果的转化运用打通渠道，实现创新成果的市场价值。再次，还需要从市、县、区域以及企业的点上进一步突破，为企业和产业提供专业的知识产权服务，为大学和公共研究机构知识产权产业化提供专家顾问团队，发掘有潜力的知识产权并力促市场化。

2. 完善知识产权运营体系

知识产权运营体系的构建宗旨是以市场化的方式实现创新资源的优化配置，因此必须结合中国知识产权运营发展的实际情况，了解市场需求，实现知识产权的有序流转和交易，实现创新投入投资的高回报。

我国的知识产权闲置成果占比约达到九成以上，诸多知识产权成果均由于资产为无形、未来收益不确定性强、风险较高等原因而无法得到资金支持。在市场经济的竞争结构中，要让知识产权运营发挥真正的效用，必须尝试建立知识产权信贷服务体系，采取类似基金、融资交易的方式，吸引海内外各类资金共同投资知识产权转化和再次开发。地方应积极配合出台知识产权质押融资工作的实施政策，着力打造有利于知识产权交易、流转的制度与政策体系，为知识产权质押融资建立质押物评估、交易等服务平台，实现知识产权作为生产要素的优化配置与价值增值，积极探索知识产权质押融资与证券化发展道路。

地方政府搭台加大进行知识产权布局时，一方面，需要为企业提出创新点，发挥政府在专利信息获取方面的优势，加强企业技术专利布局信息导向，引导企业研发技术的先进性，支撑企业专利的法律稳定性，促进企业专利存储，支持企业创新程度高、市场价值大的专利及时获得授权。从实践情况来看，与其让地方层面做信息平台，不如把它市场化，让市场去发挥利益引导作用。当前阶段互联网信息技术普及率提高，信息传送网络发达，国家层面的主要工作应更加侧重于专利基础信息的网络平台建设，把国家层面的专利信息服务网站做好，使地方能够方便地进行使用，保持平台网站和检索入口通畅，提供基础资源给地方，特别是民营企业和商业机构，以微利或者免费的服务方式提供专利信息，让其加工和壮大商业化的软件，推动社会企业和机构在竞争中百花齐放，这也是发达国家提倡和鼓励的做法，从商业化角度去考虑专利信息平台构建，防止资源浪费与重复设点。另一方面，需要灵活运用具有强洞察发现力、高增长率和多样化的专利信息大数据建立专利运营平台。从市场上看,目前国内还没有发现合理有效的专利运营模式,要想打通专利研发到运用的各个关键环节,必须有效运作专利运营平台,利用平台所提供的大数据来具体解剖分析一个专利技术能否成为拥有良好市场价值的产品,并用大数据对企业欠缺的部分进行补充,在企业没有足够专利时,帮助其变成专利群,在企业只有部分专利时,帮助其补平专利池。通过建立这样一个物理平台,既帮助企业将技术转化为产品,同时又有足够的知识产权制度为该企业的专利运营保驾护航,提供企业适应市场发展需要的促进技术创新机制,提高社会整体专利运营水平。

3. 培育知识产权密集型产业

知识产权密集型产业成为国家经济主要的、不可或缺并持续壮大的一部分,知识产权密集型产业揭示了知识产权与经济增长的内在联系,表明了知识产权对于经济增长的促进、引领作用,发展知识产权密集型产业有利于促进知识产权产业化进程,推动知识产权强国建设,未来中国经济社会的发展,在很大程度上必须依赖知识产权密集型产业。

在深入实施创新驱动发展战略和知识产权战略的大趋势下,党中央、国务院高度重视知识产权工作,先后出台了《关于深化体制机制改革加快实施创新驱动发展战略的若干意见》《国务院关于新形势下加快知识产权强国建设的若干意见》等多个涉及知识产权与经济、产业发展紧密融合的重要文件,明确提出要研究建立科技创新、知识产权与产业发展相结合的创新驱动发展评价指标,并纳入国民经济和社会发展规划。培育知识产权密集型产业,探索制定知识产权密集型产业目录和发展规划等具体要求。只有深刻理解知识产权密集型产业对于我国未来经济结构调整和经济快速增长的驱动效益,才能在此基础上营造有效的制度环境,进而推动我国经济结构的调整升级,实现经济的跨越式发展。

要进一步快速提升我国知识产权密集型产业的经济贡献率和就业

贡献率，就必须将培育发展知识产权密集型产业作为推动产业转型升级的重点工作来抓，包括要加强对我国知识产权密集型产业的系统性研究，制定并细化知识产权密集型产业目录，开展专利密集型产业统计分析工作，不断完善专利密集型产业的合理界定方法，建立知识产权密集型产业发展监测评价标准，加大投入、扎实推进我国知识产权密集型产业发展，建立适应知识产权密集型产业发展需求的公共服务体系，完善知识产权集群服务体系，形成包括代理服务、信息检索、软件研发、预警分析、价值评估、交易、融资、战略研究、法律援助、宣传培训在内的知识产权服务链，以现代服务业和品牌经济的发展推动知识产权密集型产业的发展等。国家要鼓励和支持知识产权产业核心技术的研发，推进技术创新和科技成果产业化，扩大创新性产业规模，促进战略新兴产业成为专利密集型产业，引导企业运用和推广新材料、新技术、新装备，着力培育一批知识产权密集度高、国际竞争力强、能引领产业发展的知识产权密集型企业，将企业创新与产品升级有机集合，提升企业市场信誉及竞争实力，为知识产权密集型产业发展提供支撑。

4. 壮大知识产权中介服务

在服务环节，能够发挥重要作用的主体是社会组织和第三方中介机构。一方面，应当着力改善知识产权服务业及社会组织的管理，探索开展知识产权服务行业协会组织“一业多会”试点。另一方面，还要结合知识产权代理业务等，扩展知识产权服务业，促进服务业优质高效发展。

非政府社会组织是知识产权治理体系中政府主体和市场主体之间的桥梁和纽带，现代化的非政府组织能够有效地弥补两者之间的空隙，共同推动知识产权治理体系的运转。我国的知识产权社会组织为数不少，遍布全国各个省、自治区、直辖市，既有从业多年的常青品牌，也有异军突起的行业新锐。相对而言，从事知识产权代理工作的中介机构和社会组织发展比较成熟，而有能力提供预警分析、战略布局等深度知识产权服务的社会组织不但数量较少，而且能力水平也普遍有所欠缺。除去自身因素，形成这种局面的部分原因在于很多市场主体自身知识产权能力和意识水平不足，缺乏提出和应用更深层次、更高水平知识产权服务的需求，以及对于这种需求的把握能力。在这样的现状下，社会组织往往习惯于满足低能力水平知识产权服务的提供，缺少提升自身服务层次的实际动力。今后，非政府组织应更加主动地致力于提高自身能力水平，配合政府主体的政策引导以及市场主体的意识水平提升，朝着更加专业化、精英化和国际化的方向加速发展。

从知识产权交易所角度来说，专利信息平台虽提供了大部分专利信息数据，但与专利流转所涉及投融资、证券化业务的信息需求还存在差距，深度不够，应当从企业端出发，根据运营需求进行定位，打通企业专利上下游链条，通过政府给数据，中介机构给服务，把专利流转通道的信息链提供出来，体现出实效性。知识产权交易所的业务工作涉及两大块，一是知识产权交易，二是专利的投融资。现在的很多专利信息工作都是围绕专利申请展开的，但中介机构所服务的对象往往不是专利本身，而是运用这个专利的企业，交易的主体也是企业，专利只是其中的一个媒介。如何便于企业去了解对手的知识产权情况，不是仅靠把专利一一单列出来，而是要更多地从专利分析和专利相关的趋势研究中去做工作，增加一个专利信息的企业端提供的维度。

首先，要明确企业某项专利在族系的位置，按照分层机制，按作用进行分层，判断这个专利是核心的、垄断的，还是辅助的、运用层的。国家知识产权局需要事先构筑一个专利族系，并把它细化下去，不同领域用不同的细化方法，不同领域的人按照行业统一的方法把专利往不同的位置放入，然后以一目了然的方式，从企业的生产流水线的最开始到最后阶段，去观察该项专利的位置。其次，是这项专利在企业的位置，从企业角度，把专利对企业在实际运用中的重要性，以某种形式进行体现。以药物生产为例，药物本身的配方是一个专利，但在生产的上下游过程中，可能涉及一批其他企业的关联专利，其他企业处于专利运行过程的哪一环节、分别有哪些关联企业进入、如何进入，通过树状图或者网状图来表征，把企业专利运用与搭配他人专利的运用、对他人的专利供给等内容拉伸成一个网状，与上下游的专利建立连接，形成体系，保持互通，构建一个企业与企业之间的专利信息串联。这其实是帮助企业梳理内部专利的一个过程，只有把企业专利从上到下的流程整理清楚，而不只是以专利为代表直接去铺开，才能最大限度得到有价值的对比专利信息。对于专利运营来说，企业才是专利信息服务的落脚点，只有了解和掌握企业专利的位置、作用以及形成的产品和服务收益比例等相关情报，才能更有信心做好专利的证券化和投融资服务业务。最后，还要特别注重与国际中介服务市场接轨，开放知识产权中介服务市场，吸引国外中介机构走进来，打造国际化的知识产权交易与服务体系。

五、健全知识产权管理，完善创新体系①

（一）知识产权治理理论与国家创新体系建设

1. 国家知识产权治理体系和治理能力现代化是国家创新体系建设的主要目标

国家治理体系和治理能力是一个国家制度和制度执行能力的集中体现。国家治理体系是在党领导下管理国家的制度体系，包括经济、政治、文化、社会、生态文明和党的建设等各领域体制机制、法律法规安排，也就是一整套紧密相连、相互协调的国家制度；国家治理能力则是运用国家制度管理社会各方面事务的能力，包括改革发展稳定、内政外

① 本部分内容获得2017年国家知识产权局软科学研究项目《创新驱动发展战略与知识产权强国建设的契合路径研究》支持。项目负责人：韩秀成。成员：刘淑华、王淇、武伟、陈泽欣、刘永超、黎金、王浚丞、宁峻涛。

交国防、治党治国治军等各个方面。[①]

国务院《关于印发"十三五"国家科技创新规划的通知》(国发〔2016〕43号)中明确提出要"建设高效协同国家创新体系",深入实施创新驱动发展战略,支撑供给侧结构性改革,必须统筹推进高效协同的国家创新体系建设,促进各类创新主体协同互动、创新要素顺畅流动高效配置,形成创新驱动发展的实践载体、制度安排和环境保障。从培育充满活力的创新主体、系统布局高水平创新基地、打造高端引领的创新增长极、构建开放协同的创新网络、建立现代创新治理结构、营造良好创新生态等六个方面开展国家创新体系建设。在这其中,进一步明确政府和市场分工,持续推进简政放权、放管结合、优化服务改革,推动政府职能从研发管理向创新服务转变;明确和完善中央与地方分工,强化上下联动和统筹协调;加强科技高端智库建设,完善科技创新重大决策机制;改革完善资源配置机制,引导社会资源向创新集聚,提高资源配置效率,形成政府引导作用与市场决定性作用有机结合的创新驱动制度安排;强化创新的法治保障,积极营造有利于知识产权创造和保护的法治环境;持续优化创新政策供给,构建普惠性创新政策体系,增强政策储备,加大重点政策落实力度;激发全社会的创造活力,营造崇尚创新创业的文化环境,就是国家创新体系建设在体制机制方面的主要目标要求。

知识产权作为激励创新的基本保障,其治理体系和治理能力现代化是国家治理体系和治理能力现代化的重要方面,也必将对国家创新体系建设起到重要的影响。

2.知识产权治理现代化对于知识产权强国建设的重要内容

知识产权治理现代化就是要在知识产权授权确权的基础上,构建

---

① 习近平,《完善和发展中国特色社会主义制度推进国家治理体系和治理能力现代化》,人民网,http://cpc.people.com.cn/n—0218/c64094-24387048.html,2014-08-14。王伟光,《努力推进国家治理体系和治理能力现代化》,求是网,http://www.qstheory.cn/dukan/qs/2014-06/16/c_1111106051.htm,2015-09-20。

通过有效治理手段推动知识产权运用，促进工商业和对外贸易繁荣与发展，提升综合国力，并在对外关系、国际秩序构建中发挥作用的高效治理体系。其核心就是要打通知识产权创造、运用、保护、管理、服务全链条，构建便民利民的知识产权公共服务体系，探索支撑创新发展的知识产权运行机制，有效发挥知识产权制度激励创新的基本保障作用，保障和激励"大众创业、万众创新"，助推经济发展提质增效和产业结构转型升级。

从建设知识产权强国的战略目标分析，国家知识产权治理体系现代化的基本构成元素包括政府、社会和市场三个主体，其现代化有赖于政府、市场、社会这三类基本构成元素的现代化。

国家知识产权治理体系要实现现代化，政府、市场和社会三个构成元素都要首先实现现代化，同时还要实现三者之间互动关联关系的现代化，总体来说这些构成元素及其关联关系的现代化可以通过体制和机制两个层面的现代化来实现。

(1)体制的现代化

所谓体制的现代化，也就是国家知识产权治理体系基本构成元素的现代化。具体而言，就是要在知识产权治理体系中完成建设现代化的政府机构、现代化的市场主体以及现代化的社会组织，这三个环节的现代化缺一不可。

目前政府这个角色在我国的国际知识产权治理体系中应当且一直处于主导地位，知识产权强国和现代化治理体系建设过程中所遇到的共性问题和公共需求要由政府来统筹解决。今后政府应继续着力完善知识产权法律法规、制度和政策，更加积极地参与影响乃至制定新的国际知识产权规则，着眼于成效来加大知识产权保护力度，推动引导我国知识产权治理体系中的市场主体和社会组织共同践行国家知识产权战略，并持续投入提供知识产权公共产品以满足不断变化的公共需求。

市场的主体是各类企业，因为企业是知识产权制度下各种知识产权创造、运用和转化的主体。随着近年我国经济持续高速增长,对外贸易日益繁荣以及整体市场经济体制的逐渐成熟,企业的知识产权意识也有所增强。但是总体来说,我国企业知识产权创造、运用、转化的能力和意识水平仍然有待提高。未来要向创新型企业发展,则需要强化知识产权意识,进一步提升自身的知识产权能力水平,加大对于资金、研发、人才以及组织架构完善等方面的投入,增加与体系内其他主体,特别是政府机构和社会组织的互动,借助内力和外力的共同作用来促进自身知识产权创造、运用和转化能力水平的现代化。

(2)机制的现代化

我国当前知识产权制度运行机制划分为决策机制、协调机制、部门间协作机制和执行机制四个层面。知识产权运行机制的现代化意味着在这四个层面均要满足现代化的要求。

一是决策机制的现代化。我国目前知识产权决策机制有两个特点,一是各部门分散决策,二是部分由最高层决策。建立统一的、高级别的决策机制便十分必要。从西方主要知识产权强国的经验来看,通常决策层级别也比较高,知识产权涵盖范围广,涉及的国民经济部门多,高层级决策有助于综合考虑各方面情况,是符合决策机制现代化要求的。

二是协调机制的现代化。我国目前知识产权类型复杂且分散,管理和保护涉及的部门众多,协调机制的合理高效便显得尤为重要。有必要建立直接设在国务院的综合协调机制,撤销现有的多个跨部门议事协调机制,或者将它们纳入其中,从整体上统筹协调各个方面的知识产权工作,以此作为实施创新驱动发展战略和建设知识产权强国战略的支撑。

三是部门间协作机制的现代化。目前我国知识产权领域的部门间协作主要依赖于日常来往公函,这样的协作方式效率低下,通行于任何两个部门之间,不能体现出知识产权相关部门之间协作的特殊性,可以说没有特别有效的部门间协作机制。要充分利用大数据、“互联网＋”等新技术手段，建设统一的知识产权公共服务平台，面向社会公众提供完备的基础性知识产权信息服务，实现信息化的知识产权管理多部门协作，促进知识产权相关行业和产业的壮大和产业升级。

四是执行机制的现代化。应当继续深化知识产权司法机制方面的改革，培训知识产权专业人才队伍，按照现有思路进一步完善执行机制。行政执法方面，着眼于提高执法效率和效果，同时以“协作”促“执行”，更多地利用知识产权综合执法模式来替代以往各部门单独的行政执法，通过部门间协作机制来协调海关、公安等部门配合综合执法活动。司法保护方面，在北京、上海、广州三地以外推广建设更多的知识产权法院，推动知识产权法院获取刑事审判职能，采用“三审合一”模式来审理知识产权案件。对于普通法院的知识产权法庭，要统一审判标准，为知识产权司法保护创造良好的环境。

(二)当前知识产权管理面临的主要问题

1.知识产权管理体制滞后

当前，我国知识产权体制机制存在的主要问题是国家知识产权治理结构失衡。不仅国家知识产权治理三大结构(行政管理、司法保护和公共事务)总体失衡，而且三个结构子系统自身内部结构也失衡。这种结构失衡，有体制形成过程中时空挤压的因素，也存在政府与市场似乎“在场”，但却总存在双重“缺位”的现象，由此导致了目前政策失灵的现象。

知识产权作为一种私权，也是一种重要的无形财产权，直接体现在产业经济和商品贸易之中。从企业和对外交流角度来看，企业就知识产权问题不得不同时应对各个不同的知识产权行政管理部门，知识产权对外交流中也不得不进行部际协调，这些都增加了制度运行的成本。另外，于此缝隙之中，各行政机关“趋利避害”，似乎总是“在场”，而又似乎总是“缺位”：从本位出发，有利则取，有害则避之。因此，从知识产权整体制度构建的角度分析，我们居然可以发现，在无所不在的政府“在场”之际，政府又始终存在着“缺位”的现象。

2. 知识产权公共服务职能不健全

目前，知识产权的公共服务职能还很不健全，这一点集中体现在当前政府主导的知识产权激励机制难以适应企业创新主体发展的要求。

我国专利长期实行费用减缓的办法来鼓励专利申请，使得扣除减缓部分以后的费用成为在我国申请和维持专利的实际费用，多年以来该费用标准仅仅进行了几次小幅度下调。这种激励机制手段比较简单，而且持续时间过长，难以起到立竿见影的效果。

我国目前专利申请量存在虚高的情况。这种情况部分源于每万人拥有专利数量被纳入地方政府绩效考核指标体系之中，也部分源于不少单位将拥有授权专利数量作为评定职级或者获取学位的硬性指标。在这样的情况下，申请人愿意为了一些没有太多市场价值的发明创造付出一定的申请费用。

在对于职务发明人的奖励方面，在事先没有约定好的情况下，每项发明专利 3000 元奖金加上营业利润 2%的奖励，对于职务发明人来说并不算很少。但是相关规定的执行情况并不很乐观，有时候还会在某种程度上加深申请单位与职务发明人之间的矛盾。

而对于商标和版权等知识产权类型来说，激励机制仅限于相关政府部门可能给予的一些奖励，这些奖励覆盖面很小，且没有明确的标准，因此更加难以产生明显的激励效果。

3. 知识产权社会治理机制不完善

目前，知识产权的社会治理机制，特别是社会组织难以适应知识产权治理体系的要求。

在现代治理体系中，非政府组织与政府机构形成有效互动是十分重要的，如此才能共同推动整个体系有效运转，进而达到善治的目标。

非政府组织的力量薄弱主要体现在两个方面，一是规模不够大，二是从业人员能力有待提高。这些问题的彻底解决有赖于国家整体知识产权产业的发展壮大，现阶段需要政府机构予以更多扶持，特别是加强培训和引导，全面提升从业人员执业素质和能力。

目前我国专利服务中介机构面向企业提供的服务中，基础数据、专利检索和普及性培训等基础服务占到了 90％以上，而相对比较高端的提供检索系统软件和专利分析预警等服务仅仅占据不到 10％的份额。

总的来说，无论是中介服务机构，还是作为应用主体的企业，对于知识产权相关信息利用的能力普遍比较低下，充分说明了社会组织的力量仍然十分薄弱，难以承担作为主体之一参与协同治理的重任。

在我国，知识产权是一个新兴的领域，市场化的非政府组织通常规模不大，从业人员素质和能力也有待提升，在市场经济条件下能够发挥的作用相对有限，更加需要得到政府的培训和扶持。

（三）建设知识产权强国支撑国家创新体系建设的主要路径

1. 深化知识产权综合管理体制改革

建立和完善知识产权管理的协调机构与协调机制，解决现阶段管理中的分散化、碎片化和部门化导致的影响知识产权创造的弊端，统筹知识产权管理的链条和多个环节，增强知识产权的创造力与向现实生产力的转化，是摆在当前的现实任务，有着现实紧迫性。多部门分散管理的现状要求高层统一的权威协调。对于多数负责知识产权管理的部门而言，知识产权的工作并非其核心职能。与知识产权管理相关的各部委局通常会依据各自的职责分工制定政策，相互之间缺乏统筹规划，各部门之间的横向协作面临巨大成本，从而影响到实际管理成效。要实施国家创新驱动发展战略，知识产权管理的重要性日益突出，就更需要各部门之间的沟通协调来完成管理任务。在知识产权涉外管理和国际事务方面,也存在着相关部门之间缺乏有效协调的问题。

实际上,知识产权管理具有涉及面极广、扩散性极强的特点,包含知识产权创造、保护、运用和转化一系列环节,因此,不同部门各自为战的履行职责的方式,或者说现有的各部门之间缺乏信息共享和协调的"部门行政"①状态,已经不能很好地适应知识产权管理和现实发展的需要,使得整个知识产权管理体制难以协调运转。这就迫切要求强有力的高层统筹协调,建立起超越各部门的协调机构与协调机制,真正促进知识产权管理为经济转型升级的发展战略服务。

近年来,我国先后成立了包括国家知识产权战略实施部际联席会议制度、打击侵犯知识产权和制售假冒伪劣商品工作领导小组、使用正版软件工作部际联席会议制度等在内的数个与知识产权管理密切相关的协调机构与机制。但是,在知识产权管理体系中的协调作用、对多个部门履行相应的知识产权管理职权的统筹与整合还是比较有限的。存在的主要问题在于,知识产权管理权责分散所导致的决策执行实效较低,无法把知识产权管理在整个国家治理体系中的作用和地位有效地落实。

为深入推进国家创新驱动发展战略和建设知识产权强国,结合我国的实际国情,借鉴知识产权强国的有效经验,针对目前我国现有知识产权协调机构与协调机制存在的主要问题,应建立国务院综合协调机制。把部际联席会议升级,成立"国家知识产权强国战略协调推进委员会"。借助加快推进国家创新驱动发展战略的重要契机,借鉴发达国家知识产权管理协调机制的经验,在总结我国已有协调机制经验教训的

---

① 参考宋世明,《试论从"部门行政"向"公共行政"的转型》,《上海行政学院学报》2002 年第 4 期。"部门行政"是与计划经济体制相适应的,是与政府在资源配置中发挥主导性作用状况相适应的。部门是政府配置资源的杠杆,是政府与社会联系的中介,是落实计划经济的依靠力量。部门行政是为了满足按计划配置资源的需要而进行的一种政府行政模式。部门行政的一个基本做法是,在横向上把行政权力分配给各个职能部门,在部门职责范围内,决策与执行高度合一,自我封闭。如果部门间摩擦的力度大于行政协调的力度,整个行政管理体制就难以运转协调。

基础上，建议整合现有的协调机制，升级改革为“国家知识产权强国战略协调推进委员会”，该委员会隶属于国务院，由国务院领导任主任，来统领、负责创新驱动战略和知识产权强国战略的综合协调。办公室设在知识产权局，具有协调权、执行权和监督权，督促其他相关部门的知识产权管理职能的履行。

针对现有协调机构的职能主要是沟通、联络和协调这一有限的职能，而且沟通机制和信息共享机制还需要加强，这都影响到实际的协调效果，为此，在改革中还要突出强调协调机构在决策和监督方面的地位与权威，这是协调机构与协调机制充分发挥作用的关键要素。

通过改革调整知识产权管理协调机制与机构体系，有望解决当前知识产权管理领域部门过于分散、多头协调、决策支撑不力等突出问题。尤其是把协调机制实体化之后，各相关部委之间有效协作，集中精力为企业创新和知识产权创造提供良好环境和条件，通过全面的知识产权保护促使企业加大技术创新投入，同时统筹技术创新投入机制。这些改革会促进实施国家创新驱动战略和经济全面转型升级，也有利于“一致对外”，极力保护我国企业在国外的知识产权，推动从知识产权大国向知识产权强国发展，形成权责明晰、协调有效、协同联动的知识产权治理体系。

2. 完善知识产权公共服务职能

(1)加大知识产权保护力度

进一步加大知识产权保护力度，将知识产权侵权行为纳入社会信用记录。在行政保护方面，改变现有各类联合执法的方式，设立标准的综合保护模式，以规范的知识产权综合执法寻求最佳的保护效果；在司法保护方面，完善知识产权审判体制，优化审判资源配置，处理好行政保护与司法保护之间的关系。

目前，我国知识产权方面的法律法规相对西方发达国家并没有太大的差距。我国要加大保护力度，严格保护标准，严惩违法行为，共同营造公平公正的市场氛围。

有必要设立一套标准的综合执法机制，规范需要参与综合执法的各个部门，并明确其职责分工。这样做的一个好处是可以降低各部门之间的协调成本，提升行政执法效率，综合执法时各部门各司其职，能够相对低成本高效率地达成既定目标。

另外，相对司法保护来说，行政执法的效率更高，但是通常程序比较简单，缺乏公正合理的程序性保障。正因为如此，就更需要对行政执法进行必要的规范，以利于创建良好的知识产权市场环境。

(2)完善知识产权激励机制

改变激励机制多年不变的现状。提高价值确认门槛，提高知识产权申请费用；调整价值分配规则，降低知识产权维持费用，积极寻求加入《海牙协定》，支持通过市场化手段提升职务发明人收益。

长期以来，我国的商标、版权等知识产权类型缺乏有效的创新激励机制，而专利的激励机制主要依赖于减缓费用，仅有数次提高减缓费用比例的简单调整。另外，由于一些地方将知识产权人均拥有量作为绩效考核指标，特别是有些单位将专利授权证书与评定职称或申请学位挂钩，这些因素都直接造成了知识产权申请数量在一定程度上的虚高，整体申请质量也因此有所下降。

首先要提高价值确认的门槛，提高知识产权申请费用，通过申请费用的上涨，部分拦截那些单纯为了完成某些指标而提交的申请，既能更加有效地利用申请审核资源，又能缓解当前申请数量大而申请质量不高的问题。

支持用市场化手段提高职务发明人收益，激发其从事创新研究的积极性，鼓励提升职务发明人获取经营收益的比例，特别是用股权激励方式来激发职务发明人的创新动力。

(3)建成统一的知识产权公共服务平台

从治理理论角度来看，政府作为治理理论三个主体中的主导者，其目标即是主导市场与社会良性互动，进而形成良性循环，乃至推动整个领域的健康发展。平台战略的运用与治理理论基础是不谋而合的，恰当地建设和运用平台将是治理理论实践的一种有效手段。

知识产权公共服务平台的主要功能是围绕知识产权权利的确认、权利的分配、权利的增值来建设。权利确认相关的功能包括知识产权的申请、审批、授权等；权利分配相关的功能包括知识产权的交易、维护、转化等；权利增值相关的功能包括知识产权的数据管理、加工、翻译、查询、分析、预警、决策支持、领域专题库建设等。

知识产权公共服务平台应统一发布知识产权各相关部门数据强制共享开放的数据目录，建设统一的数据交换平台，通过部门信息平台与统一数据交换平台的两两连接，间接实现部门信息平台之间的互联与部门间监管信息共享。知识产权公共服务平台的建设重点是实现资源整合与信息的共享和互联互通，应当纳入统一平台的数据信息资源，包括专利、商标、版权、植物新品种、地理标志、集成电路布图设计、民间文艺、传统知识、遗传资源、国防知识产权等各类知识产权信息及其周边数据信息资源。

由政府统一整合知识产权相关信息资源，面向全社会提供基础性的、功能完备的知识产权信息服务，间接促进作为市场主体的企业和作为中介服务机构的社会组织利用知识产权信息提供服务的能力提升。

应由国家整合现有各类知识产权相关信息，统一向社会公众提供基础性的、功能比较完备的知识产权信息服务，以此来满足企业基础性的知识产权信息需求，提升企业自身利用知识产权信息能力，同时倒逼中介服务组织提升能力水平，使其有足够能力为企业提供更加高端的、个性化的知识产权信息服务。

3. 健全知识产权社会治理

(1)培育形成一批强大的企业联盟

在我国已有专业行业协会的基础上，发展强大的企业联盟，对内加强知识产权保护和向现实生产力的转化,对外一致加强对本国及其企业在外国的知识产权保护。

为了与发达国家的产业联盟或知识产权联盟相抗衡,形成企业联盟的工作十分迫切。各发达国家,尤其是美国知识产权管理领域的专业行业协会或产业联盟,包括国际知识产权联盟、国际商标协会、信息产业协会等,在美国的知识产权立法、政策制定和执行与保护领域起着极为重要的作用。比如,国际知识产权联盟就是版权行业的企业联盟,代表企业联合向政府部门提出利益诉求,在政府的知识产权管理决策中起着重要参谋作用,每年都向美国贸易代表办公室提交资料和建议,提供一些他们认为保护版权不力的国家名单。在这种激烈竞争的国际背景下,我国很有必要发展强大的产业联盟,一致对外。

我国在新一轮全面深化改革过程中,强调了充分发挥市场在资源配置中的基础性作用。具体的体现之一就是发挥好市场主体的企业的积极性。这提供了政策基础,重视和实现企业在创新和知识产权创造中的主体地位。企业的这种主体作用还有一个最为重要的表现是,通过企业联盟来实现在知识产权创新决策中的发言权,这里的决策是广义的,包括国家的知识产权立法、执法以及某一领域的重要产业政策和管理决策等。

(2)充分发挥社会力量壮大知识产权专业人才队伍

改革并适当放宽知识产权代理人、代理机构准入门槛,充分发挥相关社会组织、行业协会、培训教育基地作用,充分调动社会人才、教育力量投入知识产权专业人才培养,同时加强政府对监管中介代理等知识产权服务行业的监督和规范;进一步加大对社会组织、行业协会等社会力量开展知识产权专业人才的培养的支持力度,形成政府与社会组织相互协同、相互补充的知识产权专业人才培训培养机制,为建设适应知识产权强国目标的人才队伍提供保障;进一步放宽知识产权人才相关的限制措施,促进政府机构、企事业单位、社会组织、行业协会人才之间的融汇流动，鼓励形成知识产权专业人才自由流动的良性态势。

鼓励相关知识产权行业协会开展交流与协作。专利代理人协会、知识产权保护协会等相关行业协会应在加强领域内协会间的交流协作的同时，加强与律师协会等相关领域行业协会的人才交流与交叉培养，培养知识产权和法律复合型人才。

利用社会资源广泛开展知识产权从业人员的职业技能培训和知识产权普及教育。由于行政资源的稀缺性，应进一步调动社会资源、社会力量，加大对于知识产权从业人员的培训力度、加大知识产权教育普及程度，提升行业人员总体业务水平和业务能力，营造良好的知识产权文化和氛围，为知识产权强国建设储备必要的人才队伍。

六、扩大知识产权国际合作，提升创新国际影响力①

（一）知识产权国际合作与全球创新格局

1. 我国在全球创新格局中的定位

纵观世界发展潮流，新一轮科技革命蓄势待发，一些重大颠覆性技术创新正在创造新产业新业态。全球创新环境与格局正发生重大变化，创新活动日趋活跃，一个趋势性特征是创新全球化和多极化日益凸显，创新活动的新版图渐趋形成。以中国为首的新兴经济体技术追赶提速，以东亚为核心的亚洲创新崛起，是新的全球创新版图的重要标志。另一个趋势性特征是全球经济增长对技术创新依赖度的大幅提高。

发达国家仍拥有巨大的存量知识资产，掌握着经济全球化和创新

①　本部分内容获得2017年国家知识产权局软科学研究项目《创新驱动发展战略与知识产权强国建设的契合路径研究》支持。项目负责人：韩秀成。成员：刘淑华、王淇、武伟、陈泽欣、刘永超、黎金、王浚丞、宁峻涛。

全球化的主动权;发达国家跨国公司仍主导着全球生产体系,占据全球价值链高端;高端要素向发达国家相对集中的趋势仍难以改变。在较长时期内,发达国家仍将是全球科学技术的主要源头、人才高地和全球创新的核心地带。但中国将对全球创新格局变化继续发挥举足轻重的影响。新的全球创新格局对中国引进高端生产要素和整合全球创新资源带来了契机。

(1)亚洲创新地位不断提高

亚洲创新地位的迅速提高改变了全球创新格局。目前,亚洲研发由中、日、韩主导,印度和新加坡上升势头强劲。企业研发布局变化是推动亚洲创新地位上升的重要动力。2015 年,亚洲超过北美和欧洲,成为企业研发支出最高的地区,也成为发达国家企业研发投资的首选地,从而改变了 2007 年以来欧洲第一、北美第二、亚洲第三的企业研发格局。特别是,非亚洲企业研发支出占到 52%,显示出亚洲创新资源对跨国研发的较强吸引力以及跨国公司对亚洲发展前景的信心。

(2)中国在全球创新格局中占据重要地位,发挥重要影响

2017 年 6 月 15 日,世界知识产权组织、美国康奈尔大学和英士国际商学院共同发布《2017 年全球创新指数》报告。报告显示,中国排名第 22 位,比 2016 年上升 3 位。这是中国继 2016 年成为首个进入全球创新指数前 25 强的中等收入经济体之后又一明显进步。

如今,中国全社会研发经费总量已位居世界第二位,研发人员总量位居世界首位。随之而来的是创新产出能力显著增强。中国研究人员发表的 SCI 论文数量已连续多年稳居世界第二位,国内发明专利申请和授权量居世界前列。这标志着中国在创新资源储备、原始创新能力、创新活跃程度等方面已达到国际领先水平。

(3)中国面临的机遇与挑战

习近平指出,过去 30 多年,我国发展主要靠引进上次工业革命的成果,基本是利用国外技术,早期是二手技术,后期是同步技术。如果

现在仍采用这种思路，不仅差距会越拉越大，还将被长期锁定在产业分工格局的低端。在日趋激烈的全球综合国力竞争中，我们没有更多选择，非走自主创新道路不可。我们必须采取更加积极有效的应对措施，在涉及未来的重点科技领域超前部署、大胆探索。①

同时我国也面临着诸多挑战。从国内来看，长线创新动力不足、原始创新能力不强，仍是中国经济巨人更上一层楼的“阿喀琉斯之踵”。基础研究相对较弱，核心技术受制于人；知识产权体系有待完善，企业创新动力不足；科研人员激励制度不够合理，阻碍自主创新动能提升与科研成果有效转化；全社会自由探索，长线创新文化不浓等。我国许多产业仍处于全球价值链的中低端，一些关键核心技术受制于人，发达国家在科学前沿和高技术领域仍然占据明显领先优势，我国支撑产业升级、引领未来发展的科学技术储备亟待加强。适应创新驱动的体制机制亟待建立健全，企业创新动力不足，创新体系整体效能不高，经济发展尚未真正转到依靠创新的轨道上。科技人才队伍大而不强，领军人才和高技能人才缺乏，创新型企业家群体亟须发展壮大。激励创新的市场环境和社会氛围仍需进一步培育和优化。

从国外来看，其他新兴经济体的创新崛起为中国企业开拓新兴市场和开展技术合作提供了机遇，但新兴经济体技术能力的提升也对中国形成了赶超之势。我国中低端生产环节将向其他新兴经济体加速转移，价值链中低端的竞争会更加激烈，从而驱动中国企业加速向中高端升级。更多中国企业将面对与发达国家企业在价值链高端的直接竞争，这对我国企业创新能力的提升构成了严峻挑战。

2. 知识产权国际合作为我国提升在全球创新格局中的地位提供有力支撑

经过改革开放 40 多年的发展，我国知识产权事业取得了举世公认

① 《习近平论科技赶超战略：应该有非对称性“杀手锏”》，中国共产党新闻网，http://theory.people.com.cn/n1‖0322/c40555-28216844.html，2020-02-28。

的成就。但是，总体上我国知识产权是内向化的发展、被动式的接受，知识产权国际化不够，因而大力推进知识产权的国际化，积极参与对外交流合作和国际规则制定，是今后一个时期我国知识产权事业发展的必然趋势，这也是深入实施创新驱动发展战略，积极融入全球创新格局变革，提升我国在全球创新格局中的地位，扩大我国知识产权国际影响力的现实选择。

进入新时代，创新驱动发展阶段就必须加强知识产权保护、激励创新，把经济增长动力从要素投入驱动转换到创新驱动上来。

知识产权战略作为创新驱动发展的制度保障，也是中国企业创新全球布局的制度支撑。随着中国企业越来越多的“走出去”，知识产权领域的争夺将会逐渐成为中国企业布局全球、融入国际竞争的主战场之一，知识产权国际合作水平的高低、战略协同水平的高低也会成为“中国创新”在全球布局的成败关键。因此拓展知识产权国际合作将有效助力我国提升在全球创新格局中的地位。

3. 加强知识产权国际合作是知识产权强国建设的重要方面

国际化背景下的知识产权强国建设，意味着我国不仅要成为全球原创性知识的发源地、创新资源的聚集地，知识产权保护体系与环境对全球创新主体具有吸引力、知识产权与创新成果对全球具有重要影响力，还意味着我国的创新与知识产权活动主体能够走出国门，在全球范围内配置创新资源，在全球范围内创造、运用知识产权并获取收益，从而实现其价值最大化。我国知识产权强国建设应当高度重视知识产权国际合作，从战略的角度去认识我国所处的国际环境以及在国际知识产权规则变革中的地位和作用，明确我国国际合作战略，探索中国特色知识产权国际合作的新思路和新体制，在融入全球创新格局、国际规则制定中发出更多中国声音，注入更多中国元素，推动国际知识产权规则朝着普惠、包容方向发展，维护和拓展我国发展利益，提高全球创新格局的国际地位，更好地推动创新驱动发展战略与知识产权强国建设协调发展。

我国已处于加快建设知识产权强国的关键期，加强知识产权国际合作，推进知识产权国际化，发展具有国际竞争力、话语权和主导权的知识产权体系是建设知识产权强国的本质要求。

知识产权国际交流与合作应当服务于知识产权强国建设的国际战略，推进知识产权及相关产业的国际化发展，增强知识产权政策的经济属性和外向化程度，强化对外贸易中的知识产权保护与运用，积极主动参与国际知识产权事务交流对话与合作，积极谋求知识产权国际规则制定中的话语权和主导权。

（二）当前知识产权国际合作面临的主要问题

目前我国知识产权的相关政策方针缺乏整体知识产权外交方略和助力企业“走出去”的知识产权国际化发展战略，缺乏统一高效的知识产权外交政策体系和工作机制，在国际知识产权领域缺乏足够影响力和话语权，应对知识产权国际事务的能力较弱。近期以来，美、欧、日、韩等发达国家和地区在知识产权相关政策制定中表现出更加突出的外向型特征，旗帜鲜明地为本国企业征战国际市场服务。我国知识产权战略纲要在制定时，着眼于国内知识产权的创造、保护、管理与运用，而对于国外知识产权的拓展，则原则性地规定了“扩大知识产权对外交流合作”这一战略措施，在顶层设计上并没有全面系统的知识产权国际保护战略相关内容。

1. 知识产权国际合作影响力和话语权有待提高

与发达国家相比，我国目前尚未形成体系化的知识产权国际战略，缺乏统一高效的知识产权外交政策体系和工作机制，在国际知识产权领域缺乏足够的影响力和话语权，应对常显被动。而我国企业“走出去”过程中往往由于知识产权国际战略的缺位而处于“被动挨打”地位。[①] 我国对国际化问题敏感度不高，不仅表现在创新密集领域缺乏知识产权国际战略布局，在保护和挖掘中医药传统知识、民族民间文艺、生物遗传资源等我国传统优势领域知识产权方面也进展滞后。

建设知识产权强国，需要加强知识产权国际合作，提高国际影响力，尤其是对知识产权国际规则变革的影响力。结合我国知识产权发展状况，我国在知识产权国际规则变革方面的总体立场应当从参与阶段向影响阶段过渡，为未来进入引领阶段打下坚实基础。中国作为最大的发展中国家和世界第二大经济体，奉行体系内发展的原则，是现行国际体系的参与者、建设者和改革者。在知识产权的国际制度建设方面，中国也需要发挥积极建设性作用，当好发达国家与发展中国家的协调员。

2. 知识产权与外贸政策的渗透融合有待提升

在经济全球化的背景下，知识产权国际保护既是发展中国家平等地参与国际贸易的先决条件，更是发达国家维持其贸易优势的法律工具。如何有效地防范知识产权风险是我国企业在国际化进程中无法回避的巨大挑战。随着中国贸易总额的不断增加，中国因知识产权问题引发的贸易摩擦也有所增加，尤以中美、中欧之间的知识产权争端最为显著。美方多次指责中国存在知识产权保护不力问题，中欧之间也多次因知识产权问题引发争端。知识产权问题已经成为中美、中欧关系中的重要议题，成为双方谈判的重要内容。

3. 知识产权支持企业“走出去”作用有待加强

近些年，随着中国产品科技含量的不断提升，中国企业“走出去”过程中涉外知识产权侵权等问题也层出不穷，不仅涉案的金额、规模更

---

① 《国家知识产权战略纲要》实施五年评估组，《〈国家知识产权战略纲要〉实施五年评估报告》，知识产权出版社 2014 年版，第 109 页。

大，涉案产品的品种更广泛，领域也更广，使我国企业蒙受极大损失。一方面，美国、欧洲等发达国家和地区对我国企业对外直接投资和出口设置知识产权壁垒，通过“337 调查”、海关侵权调查、“临时禁令”等限制或阻碍我国企业海外发展；另一方面，我国企业品牌遭海外市场抢注、中国电信设备生产商华为和中兴通讯屡遭美国国家安全审查等，这些都警示我国企业在“走出去”过程中要更加关注知识产权问题。我国企业参与全球贸易面临的挑战更加艰巨，企业面临的海外知识产权风险显著加大。

知识产权国际纠纷的频发增加了我国企业“走出去”的知识产权风险，一定程度上影响我国相关产业的生存和发展，对国家的经济安全和发展战略带来不利影响。如何通过知识产权国际合作为我国企业“走出去”保驾护航成为当前形势下亟待解决的重要问题。

（三）扩大知识产权国际合作、提高我国在全球创新格局中国际地位的主要路径

1. 推动构建更加公平合理的国际知识产权规则，稳步提高知识产权国际影响力

（1）建立健全知识产权国际化发展战略

将知识产权国际化纳入国家战略。制定差别化的知识产权国际化战略，加强与发展中国家的沟通协调，构建发展中国家知识产权沟通协调机制，力争在 WTO 与 WIPO 多边体制下解决国际知识产权争端；统筹协调对外谈判工作，逐步建立起一套跨部门、跨国界的高效完善的谈判机制。提升我国应对知识产权国际纠纷的话语权与主导权，在知识产权国际规则的重构中发挥应有的影响力。建立更高级别的知识产权谈判协调机制，成立涉外知识产权事务协调工作组，定期开展部级会商，加强各部门间信息沟通，发挥各自专长，形成联动，协同协作应对知识产权对外谈判与涉外事务。

(2)积极参与新一轮知识产权国际规则制定[①]

一是积极策划提出知识产权合作倡议。例如,在植物新品种、遗传知识保护、知识产权反垄断等议题方面开展广泛的研讨,凝聚共同的知识产权价值观,并为在多边领域的知识产权谈判协调立场。

二是针对今后应对 CPTPP(《全面与进步跨太平洋伙伴关系协定》)等可能开展的更高水平知识产权规则谈判,提前就相关条款开展知识产权保护水平压力测试,做好政策储备,在此基础上动态调整我方谈判底线。推进我国知识产权规则的国际化,逐步在参与国际规则制定中抢占发展的主动权。

三是把国际条约与国内法的关系纳入法治化轨道。建议建立一种法律程序,使知识产权对外谈判获得授权,同时,应建立全国人大批准加入的国际条约转化成国内法规的法定程序,破除知识产权对外谈判的法律障碍。

四是进一步完善我国参与知识产权国际谈判的应对机制,建立政府、行业协会、企业、智库等对外谈判的磋商、咨询和应对机制。充分发挥行业协会和社会智库在对外谈判中的支撑作用,使其成为企业和政府信息沟通的桥梁,共同形成知识产权对外谈判的合力。

(3)建立知识产权发展同盟

推动知识产权国际谈判以民主和平衡的方式进行。建立知识产权发展同盟,选择关注发展目标的多边场合,使未来知识产权国际制度在特定产业利益和公共利益中间取得平衡,是发展中国家在知识产权谈判中应予以特别考虑的路径。发展中国家只有结成发展联盟,协调彼此立场,强化集体谈判地位,才能拥有与前者相抗衡的谈判力量,在相关场合影响谈判结果,促进知识产权国际体制的有效和民主决策。在发展中国家拥有广泛利益的公共健康、传统知识、遗传资源等重要议题

① 李俊、崔艳新,《新一轮国际知识产权规则重构下的中国选择——以知识产权强国建设为目标》,《知识产权》2015 年第 12 期。

上寻求共识，推动国际规则朝着于我有利的方向发展。

(4)完善涉外知识产权工作体制

进一步明确各级政府和有关部门在知识产权国际交流合作中的工作职责；充分发挥地方对知识产权外事工作的支撑作用，完善知识产权涉外信息沟通交流机制，加大对地方知识产权涉外工作的指导协调；形成"上下联动，步调一致"的全国知识产权外事工作"一盘棋"的良好局面。

建设知识产权外交专员全球网络。加强驻外使领馆知识产权工作力度，在主要国家、国际组织派驻知识产权外交专员，形成全球性知识产权专员网络，有效运用知识产权维护国家利益。充分发挥政府知识产权外交主渠道作用，加大知识产权外交资源投入力度，使知识产权对外交流与国际经贸投资的国际布局相匹配。

发展知识产权公共外交。加强知识产权公共外交工作，拓展知识产权大国外交新格局。向重点国家驻华大使馆、国际组织派驻知识产权专员，建设知识产权外交专员全球网络。利用民间渠道加强知识产权公共外交，充分发挥行业协会、公共智库等社会组织独特作用，鼓励我国行业协会、各类智库和社会组织直接参与知识产权国际交流与合作，促进国际社会对我国知识产权现状的了解、认识和认同。

2. 结合"一带一路"倡议深化对外交流与合作，营造良好的知识产权强国建设国际环境

(1)构建"一带一路"知识产权合作常态化机制

一是打造"一带一路"知识产权国际合作平台，促进不同国家知识产权制度和文化的协调与融合。积极探索和构建在知识产权领域加强对话与合作的机制，努力建立良好的知识产权生态体系，营造有利于创新和可持续发展的环境。推动 WIPO 为"一带一路"沿线国家合作提供技术援助和支持，就涉及"一带一路"建设中的知识产权海关保护、技术转让、争议解决等相关问题进行协商，并形成知识产权监控的联动机制。提出我国与沿线国家知识产权合作的具体方案。

二是继续推动知识产权高层外交。落实“一带一路”知识产权合作倡议,深化与沿线国家的知识产权合作。研究发布“一带一路”知识产权环境报告,使服务企业“引进来”和“走出去”。支持地方建设国家知识产权国际合作基地,探索设立 WIPO 技术创新支持中心,打造标志性的知识产权国际合作交流平台。

(2)加强“一带一路”区域知识产权规则建设

依托“一带一路”发展倡议推动知识产权国际布局与开放合作水平,在知识产权保护规则与制度、加强知识产权边境保护、信息沟通、冲突解决与政策交流等领域深度交流合作,推动互惠帮融的新型区域知识产权规则。

积极推动沿线国家加入保护知识产权的相关国际公约。鼓励和引导“一带一路”沿线国家参与知识产权国际条约或协议,促进“一带一路”沿线国家融入国际社会普遍接受的知识产权法律体系,促进国家和地区间的知识产权法律合作,保障智力成果得以通过合法途径在“一带一路”沿线国家获得知识产权的授权和保护。

(3)促进“一带一路”区域知识产权保护

协调好彼此间的知识产权政策,避免投资和贸易摩擦。“一带一路”的主要内容是涉及制造业的国际经济合作,包括投资建厂,以及道路、桥梁、港口、机场等基础设施建设,加上电网、通信网、油气管网等互联互通项目。因此在开展“一带一路”知识产权谈判中要重视相关制造业的知识产权保护问题,提升投资谈判过程中知识产权的比重,特别是高铁技术、设备制造等领域的知识产权国际保护。引导企业在投资之前开展“知识产权先行”的双多边国际合作。抓住“一带一路”沿线国家基础设施建设机遇,带动大型成套设备及技术、标准、服务出口。鼓励核电、发电及输变电、轨道交通、工程机械、汽车制造等高技术领域企业到沿线国家投资,探索面向知识产权战略布局的投资合作新模式。以共建联合研究中心、国际技术转移中心等方式进一步深化同沿线国家的科技合作。

搭建国际知识产权信息服务平台与服务中心。通过整合沿线国家知识产权信息资源，构建“一带一路”沿线国家知识产权信息服务平台与服务中心，为企业提供信息检索、查询、展示等服务。鼓励和支持与各国知识产权机构在各自国内相关法律允许的范围内，根据自身能力和需要开展知识产权信息共享和数据交换。鼓励各国不断推进面向公众的知识产权数据信息资源的开放共享，加强对知识产权用户的信息检索、查询、展示等信息服务。

（4）增强对“一带一路”沿线国家的知识产权援助

一是结合对外援助与国际产能合作、重大项目建设，向广大发展中国家、新兴市场国家、特别是“一带一路”周边国家介绍我国具有优势的知识产权成果、包括审查能力与审查标准，为他们提供知识产权管理技能的培训，甚至帮助他们建立知识产权体系。

二是联合“一带一路”周边国家，在一定区域范围内建立具有一定规模的知识产权、标准化和反垄断等国际合作组织，在国际知识产权领域取得一席之地，为成为具有国际规则制定权的知识产权强国打下基础，有力支撑“一带一路”倡议的实施。

三是推动审查标准走出去，协助“一带一路”周边及发展中国家建设完善专利审查体制。积极开展审查工作国际交流，提高审查标准国际认可程度，推动我国审查规范走出去。重点是要加强对发展中国家和“一带一路”国家的协助。

四是通过技术支持、政策宣传、知识产权学历教育和短期培训等方式支持和援助“一带一路”沿线国家知识产权能力的提升，鼓励向部分最不发达国家优惠许可其发展急需的专利技术，加强面向发展中国家的知识产权学历教育和短期培训，塑造中国的知识产权保护国际形象。

3. 支持我国企业“走出去”融入全球创新链和产业链，推动提升国际竞

争力

（1）强化知识产权海外维权与援助机制

一是加强海外知识产权维权援助。制定实施应对海外产业重大知识产权纠纷的政策。研究制定我国驻国际组织、主要国家和地区外交机构中涉知识产权事务的人才配置。发布海外和涉外知识产权服务和维权援助机构名录，推动形成海外知识产权服务网络。

二是提升海外知识产权风险防控能力。加强知识产权海外风险评估和安全预警分析。加强对出口国家知识产权保护与执法信息的分析与收集。加强境外投资项目知识产权风险防范指导，引导企业防范进出口贸易中的知识产权风险，完善涉外知识产权信息沟通交流机制，发布涉外知识产权预警、重点国家和地区知识产权环境状况报告，有效支持我国企业国际化发展。

三是鼓励企业组建海外维权联盟。鼓励和引导企业组建知识产权海外维权联盟，构建专利数据库和专家智库，吸收技术专家、法律专家、实务专家加入联盟，在“走出去”的过程中抱团应对知识产权难题。鼓励和支持有条件的律师事务所到境外设立分所，维护我国企业重大利益和产业安全。

四是建立知识产权国际信息服务平台。建立配套的语言支持机制，发布国外知识产权信息通报与环境报告，开展企业出国参展知识产权线上培训；建立海外维权专家库、重点联系企业库、法规资料库；加强与产业和企业的信息分享机制，建立外事谈判机构与我国企业和行业的信息分享，维护我国企业重大利益关切和国际产业安全。

五是派遣知识产权专员。借鉴美法日韩等国向外派驻知识产权联络员经验，探索向我国主要海外市场所在国和重要知识产权国际组织所在地派遣知识产权专员。

六是设立海外知识产权维权援助服务基金。中国企业被控侵权时，基金帮助其降低应诉成本和维权成本，促使企业积极维权，保护自身的知识产权利益。建设全国统一的知识产权海外信息服务平台。信息应当适时更新，并且分门别类，易于查询和获取。

(2)推动知识产权政策与贸易政策融合发展[①]

推动知识产权政策与具体贸易政策的渗透融合。鼓励自主知识产权商品和服务出口；对加工贸易的审批中增强知识产权保护基本规范等门槛要求；加强进出口商品市场及跨境电子商务平台的知识产权保护与监管；支持企业主体开展知识产权国际布局、争创品牌。协助企业处理知识产权国际纠纷。

健全和完善与贸易有关的知识产权法规和政绩考核体系。突出和强化知识产权在对外贸易转型升级过程中的作用。在评价和考核外贸发展政绩指标体系中增加知识产权贸易等有关内容。

完善知识产权贸易统计体系。研究知识产权贸易统计指标体系，包括专利、版权引进与输出指标，知识产权商品和服务出口及占比指标，知识产权摩擦，海外布局数量等。

运用知识产权助力我国贸易主体，推动知识产权输入与技术引进相结合，支持鼓励引进知识产权密集的技术设备。鼓励企业通过海外并购、设立海外研发中心等途径获取国外企业的专利、品牌等，协助企业处理知识产权国际纠纷。

(3)提升企业知识产权管理能力

通过开展知识产权国际交流与合作，中国企业在国际市场上与技术先进、实力雄厚的跨国公司同台竞争，提高企业的整体素质和核心竞争力。通过交流与竞争，充分学习国外企业在知识产权管理方面的先进经验，增强企业的知识产权创造运用能力，重视海外申请，积极拓展海外市场；充分借鉴国外企业的知识产权运营经验，使企业拥有的知识产权有效地创造经济价值，支撑国家对外贸易结构转型升级。

---

① 参见商务部研究院课题组，“知识产权国际影响力提升战略任务研究”。

通过充分开展知识产权国际交流与合作，充分利用自贸区的体制和政策便利，适度放开涉外知识产权服务，引进国际先进知识产权服务企业，拓宽我国知识产权服务的业务类型，让中国的知识产权服务企业与国际上理念先进、实力雄厚的服务企业同台竞争，不断拓展服务类型，提高服务质量和水平，提高我国知识产权服务业的整体素质，积极开展包括海外申请、海外维权、纠纷调处等涉外知识产权服务业务，为我国企业“走出去”提供服务保障。

拓宽企业参与国际和区域性知识产权规则修订途径。推动国内服务机构、产业联盟等加强与国外相关组织和合作交流。积极开展具有国际影响力的知识产权研讨交流活动。

（4）夯实知识产权对外服务基础保障

一是推动知识产权服务机构“走出去”。着力培育一些具有国际化视角和国际知识产权运作能力的知识产权服务机构。积极引导我国知识产权服务机构“走出去”。依法妥善处理涉及我国企业的贸易摩擦和贸易争端，促进外向型经济稳步发展。加大培育涉外高端业务律师人才力度，鼓励和支持有条件的律师事务所到境外设立分所。出台优惠政策，如税收、人才流动等，在一定期限内给予支持，免除事务所的一些后顾之忧，也是作为培育的措施。借鉴国际知名的知识产权经营管理公司经验，大力培育我国大型知识产权经营管理公司。研究制定利用国家外汇储备成立国际知识产权交易基金，鼓励民间资本成立知识产权并购交易基金，支持相关企业广泛开展知识产权的跨国交易等。

二是驻外机构增设与知识产权相关的专职部门。建议在驻外机构中增设与知识产权相关的专职部门，加强知识产权情报信息搜集分析能力，建立知识产权保护服务热线和监控体系，对企业海外知识产权注册和海外知识产权纠纷法律服务提供支持，建立评估、选择、跟踪和监管体系，帮助企业提高对贸易伙伴法律和国际规则的运用能力。

图书在版编目(CIP)数据

知识产权:理念、制度与国家战略 / 韩秀成等著
.—杭州:浙江大学出版社,2020.11
ISBN 978-7-308-20736-2

Ⅰ.①知… Ⅱ.①韩… Ⅲ.①知识产权法—研究—中国 Ⅳ.①D923.404

中国版本图书馆 CIP 数据核字(2020)第 213275 号

知识产权:理念、制度与国家战略
韩秀成 曾燕妮 王 淇 陈泽欣 著

出 品 人 袁亚春
策划编辑 张 琛
责任编辑 钱济平 吴伟伟
责任校对 高士吟
封面设计 雷建军
出版发行 浙江大学出版社
(杭州市天目山路 148 号 邮政编码 310007)
(网址:http://www.zjupress.com)
排 版 浙江时代出版服务有限公司
印 刷 浙江省邮电印刷股份有限公司
开 本 710mm×1000mm 1/16
印 张 14
字 数 190 千
版 印 次 2020 年 11 月第 1 版 2020 年 11 月第 1 次印刷
书 号 ISBN 978-7-308-20736-2
定 价 68.00 元